マネージャー心得帖

成功と成長7つの原則

鈴木一正 著
Kazumasa Suzuki

WAVE出版

はじめに

地球の温暖化、経験したことのない少子高齢化社会など、私たちを取り巻く自然環境、社会環境は、大きく変化しつつあります。どれも一筋縄ではいかない大きな問題が山積しています。

それぞれの問題に対して国としてしっかり対処する必要があるのは当然のことながら、私たち国民一人ひとりもまた、危機感を持って考え、対処しなくてはなりません。

こうした環境の変化と同じように、経済活動を行う企業を取り巻く経営環境も激変しています。日本を取り巻く政治や経済の変化を直接、間接に受けていることに加え、グローバルな競争、ICT(情報通信技術)の進展など、仕事のあり方そのものが変わろうとしているからです。日々の判断が的確でなければ、企業は一気に存続の危機に直面してしまう。そんな厳しい経営環境にあるといっても過言ではありません。

本書の目的は、このような厳しい経営環境の中にあって、何を拠り所として日々の仕事をしていくべきか。これを共に考えていこうというところにあります。

私は、その拠り所は「基軸」ではないかと考えています。言い換えれば「物事の基本」であり、少々のことではブレたりズレたりしない「基本的な考え方」といってもよいと思います。

子どもの頃に遊んだ、「コマ」を思い浮かべてください。コマの中心を軸が真っ直ぐに通っていないと、いくら勢いよく回転を加えても、コマはバランスを崩してしまい、長い間くるくると回り続けることはできません。コマを勢いよく長く回転させ続けるためには、軸がコマの中心を真っ直ぐに通っていることが必要なのです。

私が考える「基軸」とは、コマの真ん中に真っ直ぐ通る「軸」と同じように、会社の中心を真っ直ぐに貫く「考え方」「方針」であり、「態度」のことです。これが社長から新入社員にいたるまで一気通貫していれば、暴風雨の中でも会社はあるべき方向に力強く歩んでいけます。

しかし、この「軸」が徹底されていなかったりブレたりすると、会社はにわか雨程度の経営環境でも、前に進めないどころか、停滞、場合によっては弱体化しかねません。

経営環境が厳しければ厳しいほど、会社の中心を真っ直ぐに貫く、ブレない「考え方」「方針」「態度」が必要なのです。

話は少し前に遡りますが、私は二〇一二年に放送されたＮＨＫの大河ドラマ『平清盛』が、とても印象に残っています。なぜなら、このドラマの中心的なテーマは、人間が成長するうえでの「軸」の大切さだったと感じているからです。

ドラマの一場面に、清盛がまだ幼少の頃、船の上に立とうとするものの、しっかり立つことができない平太（後の清盛）に、父である忠盛が語りかけるシーンがありました。

「己にとって生きるとはいかなることか。それを見つけたとき、心の軸ができる。心の軸が身体を支え、身体の軸が心を支えるのだ」

忠盛は幼い平太にこう諭したのです。このドラマの象徴的なシーンでした。

平安の貴族社会から武家社会への変革期に、平家は絶大な力を持ったものの、あっという間に衰退していきます。その衰退の理由は何だったのでしょうか。武家の本分を忘れたからでしょうか。世の中が貴族社会から武家社会に変化しているという「摂理」に逆行してしまったからでしょうか。この清盛のエピソードを企業経営に置き換えてみると、さまざまな示唆を含んでいるように感じられてなりません。

会社の経営者に限らず、部や課の責任者やリーダーなど、その立場立場で人を導き、マネージメントしていく仕事にあたる人なら、「何のために会社はあるのか」「何を求めて人は働くのか」といった、自らの存在や仕事に対する本質的な問いに答えを求めたことがあると思います。その答えはリーダー一人ひとりの考え方によって異なることでしょう。しかし、この答えへと導くものが「基軸」なのです。

本書には、私がこれまで四〇年間、仕事の中で感じた「基軸」に関するエピソードをまとめました。私の経験が、皆さん一人ひとりの「基軸」を持つうえでのヒントになれば幸いです。

二〇一七年十一月

鈴木一正

目次

第六章 やり切る・積み上げる

装丁・デザイン
サンバリー企画
校正
小倉　優子

序章　「ブレない軸を立てて仕事にあたる」の勧め

力強い仕事を可能にする七つの軸

私は、これまで四〇年にわたって続けてきた仕事の中で、多くのことを経験しました。当然、上手くいったこともあれば、上手くいかなかったこともあります。私は、それら一つひとつの経験を通して、考え学んだことや反省したこと、解決の手がかりとなった先人たちの教えなどを、メモとして書き残していました。

そのメモは、私自身が仕事や人生において困難に直面したとき、何か解決のヒントになればと思い、書き留めておいたもので、あくまで「個人的なもの」に過ぎませんでした。しかし、「ちりも積もれば山となる」の例えがあるように、気がつくとこのメモが一〇〇項目以上になっていました。

ある日、このメモを読み返していると、

「これは仕事や人生において心に留めておくべきエッセンスではないか」

ということに気づきました。

いくらメモが一〇〇項目を超えたといっても、もともと個人的なものなので、机の中に大切に保管しておくべきものかもしれません。

しかし、私もそろそろ人生の終盤戦に差しかかっています。その意味では、これらのメモは私の人生の集大成のようなもの。また、「至誠伝承」という思いもあり、私が考えたことや感じたことについて、これからの日本を担う若い人たちに伝えておきたいと思うようになりました。

そうした思いで、改めてメモを読み返し、内容を精査し、さらに整理、分類してみました。するとそこに、力強く仕事を進めるうえで、発想や行動の基となる「七つの軸」が見えてきました。

具体的には、

① 人の可能性を具現化する
② Pull Systemで人と組織の可能性を引き出す
③ 異質から多様性を生み出す
④ サムシンググレートとしての方針管理を実践する
⑤ 摂理に基づいて権限と責任の一致にこだわる
⑥ やり切る・積み上げる
⑦ 経営と現場はRespectとLinkの関係にする

以上の七つです。

自分の可能性を信じ、高める

私が考える「七つの軸」の中心となっているのは、「人の可能性を具現化する」というものです。会社における社員は、最も大切な価値創造の主体です。社員一人ひとりが自分の可能性を信じ、自らそれを高めることによって、会社は成長へと向かいます。これは社員に限ったことではなく、経営者自身も自分の可能性を信じ、高めなくてはなりません。

私はこれまでの仕事において、「自分の信念に従って正しいと思うことを実践する」ように心がけてきました。別の言い方をすれば、「自分の信念を曲げてまで人のやり方や意見に合わせて仕事をすること」はしませんでした。

そんなやり方で、自分の可能性を高めたり、具現化できたのかといわれるかもしれませんが、私は自分のやり方を貫き通した結果、いつしか周りと自分が一体化するような感覚を覚え、時代が自分に追随してくれるような感覚を持つようになりました。

このように述べると「不遜だ」と感じられるかもしれません。しかし、考えてみれば、環境の変化に追従して自分を変化させ続けたとしても、状況と自分とは決して一致することはないのです。なぜなら、「状況や環境の変化に合わせて自分を変える」からです。つまり、追いかけ続けているだけでは、合致することはないのです。

私は人間の可能性を信じ、自分の中にある軸を大切に、そして自分に与えられた役割とは何かを考え、物事の本質を見極めようと努力しながら仕事に取り組んできました。それによって、環境や状況の変化の方が私に近づいてきてくれるようになったと感じます。皆さんも、自分の役割とは何かを考えながら、「安易に状況に迎合する」のではなく、ぜひ「ブレない軸を立てて仕事にあたる」を実践してください。

本書では、「七つの軸」のそれぞれを構成する、私の経験や考え、先人たちの教えなどを七章にわたり紹介していきます。皆さんも、これをヒントにして、自分なりの「基軸」を見つけ、確立していただきたいと思います。

なお本文の各項は、各項ごとに活用できるように、各々できるだけ完結した内容になるようにしました。したがって、全体を通読したとき、各項目間に若干の重複を発見されることと思いますが、その点ご寛恕ください。

第一章

人の可能性を具現化する

なぜ「人づくり」が大切なのか

いくらＡＩが進歩しようと、価値を創り出すのは人間以外にはありません。仕事、特に経営においては「人づくり」が大切とよくいわれますが、これは「価値創造の主体は人間である」という考えに基づいているからに他なりません。

部下や後輩にある仕事ができるように手本を見せて指導する、あるいは書物を読ませたり、セミナーや学校に通わせたりして教育をする。これも一つの人づくりですが、私が人づくりで最も重要と考えているのは、一人ひとりの可能性を引き出すための「場の提供」です。

私がここでいう「場」とは、自主的な研究の機会であり、さまざまな職種や職務を経験するためのローテーションや昇格、あるいは見聞を広める社外交流などのことです。

こうした「場」に身を置くことで、一人ひとりの可能性は高まります。一人ひとりの可能性が高まれば、当然、その集合体である会社は成長へ向かいます。

人づくりには、「場の提供」と共に、先述した「Pull Systemで人と組織の可能性を引き出す」「異質から多様性を生み出す」という柱があると思います。この三つがお互いに影響しあうことで、会社の生き残りに不可欠な、新たな価値創造につながる「人づくり」は加速していきます。

一人ひとりの「考える力」が高まれば、会社は成長していく

私たちが「価値創造の主体」となるためには、当然ながら、一人ひとりが自分の仕事において新たな価値を生み出せるようになる必要があります。そのために大切なことは、考えるということです。

私は、現在勤務する教育関連会社において、経営改革に取り組む一環として「改善塾」というプロジェクトを立ち上げました。改善塾とは、簡単に説明すると、改善活動を小集団で行い、また指導するといったものです。

そのプロジェクト推進にあたって、私は次のような理念を掲げました。

考える
そして　発言する
そして　知恵を出し合う
それを　喜びとする
それができたとき　想像を超える改善が生まれる

私がこの理念を策定した後に、文部科学省が学習指導要領を改定しましたが、その「新学習指導要領　生きる力」では、「子どもたちの現状をふまえ、『生きる力』を育むという理念のもと、知識や技能の習得と共に思考力・判断力・表現力などの育成を重視しています」と定められました。

つまり、文部科学省も子どもたちへの教育において、思考力、判断力、表現力を高めることが重要だと考えているのです。

私はこの中で最も重要なのは「思考力」、つまり「考える力」だと考えています。この「考える力」を高めるために、改善塾のメンバーに三つのことを指導しました。それは「リベラル・アーツを身につける」「やり切る・積み上げる」「チャレンジする」の三つです。

「リベラル・アーツ」とは、よりよい人生を生きるための知識、一般教養のことで、できるだけ哲学や宗教、物理、地理、歴史など、幅広い分野の知識を積み上げるということです。

「やり切る、積み上げる」というのは、人生を「フロー」で考えず、一つひとつ丁寧に積み上げる「ストック」で考えるということです。

例えば、転職したいと思ったら、まずは自分が今の会社でできることをやり切ったかどうかを真剣に考えるべきです。きちんとやり切ることなく途中で諦めてしまうと、何もストックされません。

「チャレンジする」というのは、例えば、海外へ出かけてみる、山に登ってみる、やったことのないスポーツをやってみる、といったことです。引きこもって頭ばかり使うのではなく、自分の身体を使って多くのことを経験することが、視野を広げ、より深く広く考えるための助けになるはずです。そして何より、自然が多くのことを私たちに教えてくれます。

この三つを実践することで、私が立ち上げた改善塾では、一人ひとりの「考える力」が高まり、活発にアイデアを出し合えるようになり、改善を進めることができました。

ところで、「考える力」は改善に取り組むうえで必要というだけではありません。なぜなら、仕事をすること自体が「考える」ことだからです。

日々の仕事の中では、課題が会社から与えられるわけではありません。自分で自分のあるべき姿を考え、どうすれば現状との間にあるギャップを埋められるかを考えて実践しなければならないのです。そうやって一人ひとりの「考える力」が高まれば、企業は自ずと成長、発展へと向かっていくはずです。

欧米企業にはない「日本的人材育成」の強み

トヨタは「モノづくりは人づくり」という考え方を標榜しています。「モノづくり」が漢字の「物」ではなく、カタカナの「モノ」で表記されている理由は、単なるマニュファクチャリングではなく、「よいモノ」をつくろうという思いが込められているからです。つまり、トヨタのモノづくりには、誇りや情熱、仲間との支え合いを可能にする「人づくり」が不可欠なのです。

この考え方は、いわゆる外資系企業における人の考え方とは、若干異なります。欧米では、職種によって役割や給与などが決まっている場合が多く、キャリアアップを目指すためには別の会社に転職しなければならないケースが少なくありません。

言い方を換えれば、「欧米では、従業員は決められた仕事をこなすための存在でしかない」と考えているともいえます。つまり、Aさんが辞めるなら、同じスキルを持つBさんを雇えば事足りるというわけです。こういうとらえ方が根底にあるので、利益を上げるためなら、経営者は簡単にレイオフをし、コストカットを行うのです。

しかし、こういう経営を長期的に見れば、それは企業の力を弱めてしまうことになりかねないと私は思います。なぜなら、人は可能性に満ちた価値創造の主体であり、企業の力を高めるためには人の力、そして経験の蓄積が欠かせないからです。

また、人をコストととらえず、価値創造の主体として大切に育てると、その過程で社風（会社の風土）が醸成されます。これは一朝一夕にでき上がるものではありません。だからこそ宝になるのですが、長い時間をかけて社員一人ひとりの心に沁み込み、それは会社への強いロイヤリティとなります。ロイヤリティは精一杯働く原動力を生み出すだけでなく、従業員自身のやりがいや生きがいの源泉にもなります。

「人を育てることで企業の力を高める」というのは、日本独自の視点であり、日本企業の強みや可能性につながっています。

最近はグローバル化の波に乗って欧米風の経営手法を取り入れる日本企業も増えていますが、日本には「和を以て貴しとなす」という独自の文化があるのですから、それを強みとした方がよいと思います。

改善運動のイベント化が仕事を楽しむ雰囲気を生む

トヨタや私が勤務していたデンソーでの仕事の仕方を見ていると、仕事には二種類あるように思います。一つは日常業務を滞りなく行うためのオペレーションで、もう一つは「改善」です。人工知能などの発展が著しい現在、将来的にはこれまで人が行ってきたことの多くをコンピュータや機械が取って代わる時代が来るといわれています。

確かに、決まったことを決まった通りに行うオペレーションは、プログラミングの方法次第で、コンピュータでの代行が可能かもしれません。しかし、コンピュータに「改善」ができるでしょうか。

私は、どれだけ技術が発展したとしても、仕事を「改善」することは人間の専売特許ではないかと思います。「改善」するためには、現状を正しく把握しなければなりませんし、QCなど改善のためのさまざまな手法を身につけることも必要ですが、何より改善後をイメージする能力、そのイメージを現場に落とし込む創意工夫が必要です。将来的にはそれさえもコンピュータができるようになるかもしれませんが、イメージや創意工夫は人間ならではの仕事です。

私は、例え日常業務の中であっても、一人ひとりが人間だからイメージや創意工夫ができるのだという自信を持ち、プライドを持って「改善」を意識しつつ仕事を楽しんでほしいと思うのです。

言うまでもなく、「改善」を行えば「ムラ・ムリ・ムダ」がなくなり、仕事が楽になります。また、生産性が高まるので、目標達成にも近づきます。こうした効果の他、「改善」を通して人は成長し、より大きな結果を残すことができるようになります。そこに仕事の楽しさや喜びを感じるチャンスが芽生えます。

しかし「改善」は、ある程度自主的に行ってこそ意味があると思います。人に押しつけられて、仕方なく行う「改善」に楽しさを見つけることは難しく、大きな成果も期待できません。

自主的に「改善」に取り組むのがベストですが、一人で始めるのが難しければ、勉強会を立ち上げるなど、グループ研究の場をつくってみるのも効果的です。

また部門の責任者が、いくつかの改善グループをつくり、グループ同士で改善活動を競うような仕組みをつくるのも面白いと思います。改善案の発表会をしたり、成績優秀グループを表彰したり、一種のイベントにすれば、楽しさのうちに改善運動が定着するのではないでしょうか。これが一人ひとりの成長を促すことはいうまでもありません。

「改善」に終わりはありません。ぜひ、日々の仕事の中に「改善」を取り入れて、皆さん一人ひとりが仕事を楽しむように心がけていただきたいと思います。

人生と仕事は、「考え方」「あり方」「成し方」で決まる

会社が成長し発展の方向へ進むかどうかは、社員一人ひとりの「考え方」によって決まるのではないかと思います。

私がデンソーに勤務しているとき、ある役員から毎日のように「あり方、成し方、考え方が大切だ」と聞かされました。

あり方とは「どうあるべきか」であり、成し方とは「何をすべきか」を意味します。しかし私は、仕事をしていく中で、この三つは確かに大切だけれど順番が違うのではないか、と感じるようになったのです。

私が考えたのは「考え方、あり方、成し方」という順番です。「あり方」も「成し方」もそれぞれ大切ですが、そのどちらも「考え方」、つまり「なぜそう成りたいのか」あるいは「なぜそうするのか」について考えなくては成立しないと思ったのです。

私がこのように考えるきっかけとなったのは、京セラの創業者である稲盛和夫氏の言葉です。稲盛氏は『心を高める、経営を伸ばす』（ＰＨＰ文庫）の中で、「人生・仕事の結果＝考え方×熱意×能力」と述べています。つまり、考え方と熱意と能力を掛け算した結果が、人生であり仕事

である、ということです。

「能力」は、多分に先天的なものですが、熱意は自分の意志で決められます。つまり、その人の心構え次第でゼロにもなるし、一〇〇にもなる。ということは、誰よりも熱意を持って努力した人の方が、はるかに素晴らしい結果を残すことができると説明しています。

また、「考え方」について稲盛氏は、マイナス一〇〇からプラス一〇〇まである、と言っています。人の心は果てしなく広く大きく、広大無辺なもので、よい方向へ進もうと考えて行動すればどこまでも高まりますが、悪いことを考えて行動すればどこまでも下がってしまうというわけです。

よい人生を送りたい、仕事で結果を残したいと思うなら、まずやらなければならないのは、「よい考え方を持つ」こと、そして「熱意」を持って自分に与えられた「能力」をフル活用すること。すべてはここから始まります。

人々の幸福の実現をサポートする「実業」に就く

本書を手にしている人の多くは、おそらく実業といわれる分野の仕事に携わっている人だと思います。この実業と対を成すのが虚業です。実業と虚業の違いはどこにあるのでしょうか。

一般的に虚業とは、投機相場などのように「堅実でない事業」のことを指します。しかし私は、単純に「堅実かどうか」という視点で、実業と虚業を区別することはできないように思います。

例えばバブル時代に、「土地を転がして大儲けしたのは虚業だ。なぜなら楽をして儲けたから」と言う人がいました。しかし、例え楽をしてお金を儲けたとしても、そのお金が人々のためになることに使われるのなら、それはそれで立派な実業だといえるのではないでしょうか。

私が考える実業と虚業の違いとは、「その仕事の目的が、人々の幸福の実現をサポートするかどうか」にあると思います。逆に言えば「自分の幸福（金儲け）のために、自分以外の人の幸福を奪ってしまう仕事は虚業」だと考えています。

私は、一人でも多くの人に、そういう意味での「実業」に携わってもらいたいと思っています。そして、「実業」に携わるためのポイントは三つあると考えています。

第一のポイントは、「自分の特性を活かし切る」ということです。人は誰でも、それぞれ限られた時間の中を生きています。ですから、その限られた時間をできるだけ楽しく、有効に使いたいと考えるのは当然のこと。楽しく、有意義に生きるためには、不得意なことや嫌なことで時間をムダにするべきではありません。自分のやりたいことや得意なことによって、人生という限られた時間を楽しく有意義に過ごすべきだと思います。

第二のポイントは、「仕事を通して自分以外の人や社会の役に立つ」ということです。自分さえよければ、他人はどうなってもよいというのでは、「虚業」になってしまいます。一緒に仕事をした人に喜んでもらえたり、社会の役に立ったりすることで、人は実りある人生を送ることができます。

最後は、「自分が死んだ後も役立つ行いを心がける」ということです。自分という存在がなくなった後も地球は残り、子孫は生き続けます。自分が生きている間のことだけを考えるのではなく、その後の人間や地球のことを考えて生きるべきだと思うのです。未来のことはわかりませんが、私は現在の自分たちの行いを決めるうえで、未来をつくるのだという使命感を持っていれば、きっと次の世代へと受け継がれる結果を残すことができると信じています。

先入観にとらわれない「素直な心」が可能性を広げる

私たちは生きている間にさまざまなことを経験します。経験したことは記憶に残り、同じような状況に遭遇したとき、過去の記憶や経験を基にしてベストだと考えられる行動を選択します。

仮に「失敗した」と後悔するような記憶や経験があれば、「二度と同じ失敗をしないようにしよう」と考えるのは当然のことで、それは人間の学習能力であり、防衛本能とでもいうべきものです。

しかし、こと仕事に限っていうと、過去の記憶や経験に囚われない方がよい結果が得られる場合があります。

というのは、世の中は変化し続けており、前に経験したときと似たような状況であったとしても、前と同じ結果になるとは限らないからです。

では、仕事において、より的確な解決方法を見出すにはどうすればよいのか。それは、なるべく目の前にあるものをあるがままにとらえて、先入観を排除することです。

先入観を排除すると言葉で言うのは簡単ですが、これを実践するとなるとなかなか難しいものです。

パナソニックの創業者である松下幸之助氏は、先入観に囚われず、目の前のものをありのままに見るには、「素直な心」が必要だと説きました。

松下氏の言う「素直な心」とは、「寛容にして私心なき心、広く人の教えを受ける心、分を楽しむ心、また、静にして動、動にして静の働きのある心、真理に通ずる心」と定義しています。

一人ひとりがこのような「素直な心」を持ち、先入観を排除して仕事に臨んでほしいものです。

特に人の上に立ち、人を導く役職や役割を持つ人は、「素直な心」を大切にしてほしいと思います。それは「我を捨てる」ということと同義かもしれません。
「素直な心」を持てば、自ずと広い視野で物事の実相をつかむことができます。人を指導する立場にある人が、そのような広い視野を持つことは、その下で働く部下たちの可能性をぐっと広げることにもつながります。

「見える化」を推進すると、衆知が集まり思慮が深まる

世にいうトヨタ生産方式において有名になった「見える化」とは、もともと生産現場をきちんと整えて、何か異常が起こったときに、何がどこにあるかを誰にでもわかるようにして、すぐに手を打てるようにすることをいいました。それが転じて、経営のさまざまな場面で用いられるようになったのです。今では、何でも隠すのではなく見えるようにしてミスをなくし、効率化を図るなどさまざまなメリットにつなげていこうという、幅を持った意味でビジネス社会に定着しました。

企業経営において「見える化」を推進する際に大切なことは、人間の本性は「善」であるという、いわゆる「性善説」とセットにする点です。どういうことかというと、仕事のプロセスのす

べてを「見える化」すれば、人はよい方向へ向かって行動を起こすに違いない、と思うことです。難しいことでもありますが、そう見ることが大切です。

私は、この性善説に基づく「見える化」を、現場から経営までのすべてにおいて実践することが、グローバルに事業を展開する日本企業の経営力強化に大きく貢献すると考えています。経営理念やビジョンはもちろん、戦略、プロジェクトの進捗状況、キャリアプラン、人事考課の内容など、可能な限り「見える化」することで、いわゆる衆知が集まり、思慮が深まっていくのです。

「心を添えた人事考課」を心がける

人事考課は、客観的でなければなりません。絶対評価であろうと相対評価であろうと、人事考課の指標に、誰の目にも明らかな売上や利益などの数字を用いることが多いのは、そのためです。しかし、必ずしもそう一筋縄ではいかないのが人事考課です。

日本の会社には、人の可能性を信じて人を育てることを重視する傾向があります。また、人望、コミュニケーション能力といった数値化することが難しいものが、人事考課の対象となることも少なくありません。

私は、これまでのキャリアの中で、上司として部下と接するうちに、自分の仕事は部下たちの努力によって成立しているのだと思うようになり、彼らの努力に強い感謝の念を持つようになりました。

上司である私は何をもって彼らに恩返しをしたらよいのかを考えるようになりました。その結果、まず頭に浮かんだのは、「育てる」ということでした。私は部下への恩返しとして、常に、部下の成長のためにいろいろ努力をしました。

よくある話ですが、異動によって自分のもとを離れた部下が、数年後、他の部署で頭角を現し、よい評判を聞く、などということがあります。そんなとき、「ああ、育ってくれたな」と思ったものです。

しかし、その部下は本当に育ったのか、たまたま仕事のめぐりあわせがよかったのか。また、仮に育ったとしても、私が育てたのか、それとも部下が自ら育ったのかはわからない部分があります。

そのように考えると、上司が部下に対してできる恩返しは、「やはり人事考課なのだ」と考えを改めたことがありました。

人事考課をするにあたっては定量目標を設定し、それを達成したかどうかを厳しい目で評価しなければなりません。しかし、定性目標を加えると、「良」なのか「優」なのかは上司のさじ加減一つ。また、目標設定にしても、部下を育てることにつながる心の通った目標設定もあれば、部門の目標を達成するためだけの数字設定もあるでしょう。

単に数字だけを判断するのなら、コンピュータにだってできてしまいます。人の気持ちが理解できる血の通った人間が評価を下すのですから、部下のモチベーションを高めることにつながるような「心を添えた人事考課」を心がけるべきでしょう。

部下の可能性を信じ、人事考課で未来を先取りして評価することで、部下たちはそれを上回る結果を出してくれるかもしれません。ちょっとしたことで未来は変えられるのだと信じたいものです。

基本の「型」を習得せずに独創的な仕事は生まれない

私が部下に仕事を教えるとき、まず基本の「型」とでもいうべきものを教え、少しずつ自主性を育てるようにしていました。「学ぶ」とは「真似る」ことなので、まずは基本の型通りにさせてみることが大切です。

生産現場での仕事であれ営業の仕事であれ、また業務リポートの書き方、会議の進行、プレゼンテーションなど、どんな仕事にも「型」があります。基本となる「型」をきちんと身につけた後、自分に合うようにアレンジしたり、個性を付加していけばよいのです。

私は「まず型通りに」ということを、少林寺拳法から学びました。

少林寺拳法の習得には「守破離」というステップがあります。これは、師匠に言われたこと、型を守るステップから始まり、師匠から教わった基本の型を自分なりの型にアレンジする（破る）ステップへと進み、最終的には自分独自の世界をつくるという教えです。

この思想は、少林寺拳法だけの独特のものではなく、剣道、柔道などの武道、茶道、華道などあらゆる「道」のつく技芸の修行に共通するもので、仏教では「習絶真」といわれています。

この「守破離」の思想は、そのまま人材育成にもあてはまります。まずは教えられた通り、そのままやってみることが大切です。人の真似をすることで達成されるステップの「守」を実現するためには、こだわりや偏見のない「素直な心」がなくてはなりません。

そうやって真似をしながら仕事に取り組んでいるうちに、疑問を感じることもあるはずです。「もっとこうした方が間違えにくい」「こうした方が効率的だ」といった自分なりの創意工夫です。それが改善であり、「破」なのです。

そのようなアイデアを実行に移すときには、先輩や上司と相談し、周りと協調することが大切です。やがて役職を与えられて人を育てる立場になったとき、既存の価値観に囚われず事業そのもののあり方を見直したり、廃止したり、といった改革のステップにつながります。ここまでくれば、今までの「型」を捨てて自分らしい仕事のやり方で取り組まなくてはならなくなります。そのときが「離」ということになるのでしょう。

年齢はもちろんですが、育った環境なども異なり、多少目端の利く部下の場合など「こんなやり方は古い」というようなこともあるかもしれません。そんなときは「まず基本をやってみよう」と、型の指導をしましょう。先人たちが積み上げてきたセオリーにはそれなりの意味があります。「石の上にも三年」ではありませんが、数年間は基礎の積み上げをやってみて損はありません。

しかし、ひと通り「型」を身につけたら、自分で「考える」ステップへと移らなくてはなりません。真剣に、一つひとつ「型」を積み上げていけば、いつか自分の世界を築くことも可能になるでしょう。

第二章

Pull Systemで人と組織の可能性を引き出す

経営と組織をPull化する

仕事をスムーズに行い、よりよい成果を得ることにつなげるためには、スタートから終了までの工程をいくつかに分け、それぞれ担当を決めて分業体制を構築するなど、一連の仕事の中に「流れ」をつくる必要があります。この「流れ」に沿って仕事をするとはどういうことなのか、最もわかりやすく、イメージしやすいのは製造業の現場でしょう。

製造業の現場における流れ作業には、大きく「Push System」と「Pull System」という二種類の方法があります。

「Push System」とは、「必要な原材料や情報を前工程が後工程に向けて、あたかもポンプで押し込むようにどんどん供給していく（Pushする）」やり方です。

もう一つの「Pull System」とは、「後工程が必要な原材料や情報を必要なときに前工程に取りにいく（Pullする）」やり方のことです。

現在、製造業の現場では「Pull System」が主流です。流れ作業の現場で実際に両方をやってみるとわかりますが、受注から納品までのリードタイムが最短となるのです。リードタイムが短くなれば顧客満足につながりますし、ムダな在庫を抱える心配も大幅に減少します。そのため、多くの製造現場でこの方法が採用されているのです。

私は、製造現場だけに限らず仕事は「Pull System」で行うべきだと考えています。なぜなら、「Pull System」は、より市場や顧客に近い後工程が必要な原材料や情報などを前工程に用意してもらうという、顧客第一主義でいうところの「原則」に基づいたシステムだからです。逆にいえば、「前工程がつくってしまったものを必要かどうかに関係なく後工程へ流していく」という「Push System」は、「原則」に基づいているとはいえないのです。

「Pull System」の基本的な考え方は、顧客に一番近いところで仕事をしている後工程が起点になるという点です。つまり、どのような仕事でも顧客に最も近いところで仕事をしている人を起点として、顧客のことを「真面目に」「よく考えて」仕事をすれば、必要な原材料や情報をタイムリーに入手しようと努力するようになります。すると、この後工程の要望に応えて、前工程はちょうどよいタイミングで必要な原材料や情報を提供するように努力します。それぞれの工程に携わる一人ひとりが「考えて仕事をする」ことで、それぞれの能力アップにつながります。また、一人ひとりが「考えて仕事をする」という連鎖によって、組織全体の生産性向上、スキルアップにもつながるというわけです。

「Pull System」とは、端的に言えば「まさに顧客目線で仕事をする」ということです。顧客目線に徹すると、改善点が見えてきます。必要な改善を重ねると、業務の効率化やミスの削減など、よりよい成果へつながっていきます。

さて、この「Pull System」をしっかりと機能させて人や組織の可能性を引き出すためには、どうすればよいのか。本章では、「Pull System」に基づいて経営や業務を「Pull化」するヒントをご紹介していきます。

経営と組織をPull化するヒント①

相手に要求する前に自分を変える

私がデンソー時代にアメリカに赴任していた頃、トヨタから指示される仕事にかなりのムラがありました。当時の私は生産管理の担当者でしたから、何とか仕事を平準化したいと考えました。そこで私は、まずトヨタと交渉しようとしました。しかし、そのとき上司からストップがかかりました。「われわれにそれに対応できるだけの力があるかどうか、まず考えてみよう」と言われてしまったのです。

私たちは何か上手くいかないことがあると、自分以外にその理由を求めてしまいがちです。しかし、本当にそれでよいのでしょうか。相手に何かを要求する前に、まずは自分を変えることが大切です。

「隗より始めよ」という言葉があります。中国の戦国時代、燕の昭王に「どうすれば賢者を集めることができるか」と相談された郭隗が「賢者を招きたければまず凡庸な私を重用すべし。そうすれば優れた人物が自然に集まってくる」と答えたという故事に由来する言葉で、「大事業をするには身近なことから始めよ」、あるいは「物事は言い出した者から始めよ」という意味で使われます。

企業を取り巻く環境は常に変化し続けていますから、企業も変わり続けなくてはなりません。しかし、いくらトップが「変われ！」と号令しても、そう簡単に変わるものではありません。そんなときは、発想を変える、仕組みを変える、言葉を変えるなど、まず自分が率先して変わるべきなのです。この「まず自分から動く」という考え方の根本にあるのが「Pull System」の考え方です。

経営と組織をPull化するヒント②

「ムラ」をなくせば「ムリ」「ムダ」はなくなる

仕事の成果をより大きくするために大切なのは、「ムラ」「ムリ」「ムダ」をなくすことです。「ムラ」「ムリ」「ムダ」をなくすことでミスを減らし、成果を大きくすることができます。

では、どうすればこの「ムラ」「ムリ」「ムダ」をなくすことができるのか。その前に、この「ムラ」「ムリ」「ムダ」の関係について述べておきます。

製造現場を例に考えると、繁忙期には人員を増やしたり、材料を通常以上に調達するなど、どうしても「ムリ」をしてしまいがちです。しかし繁忙期が過ぎると、フル稼働のタイミングに合わせて調達した人員も材料も過剰になります。これは「ムダ」以外のなにものでもありません。つまり、「ムリ」と「ムダ」の根源は「ムラ」であり、「ムラ」を減らせば、自然に「ムリ」も「ムダ」も減らすことができるというわけです。

ならば「ムラ」を減らすにはどうすればよいか。「ムラ」とは日々の仕事量に過大や過小があるということで、「仕事が平準化されていない」と言い換えることができます。つまり、「仕事を平準化」すれば、「ムラ」は抑えられるということです。仕事を平準化するために必要なのは、「Pull System」を用いてきちんと仕事を設計する、ということです。そうすれば「ムラ」はなくなります。

トヨタやデンソーでは、この「ムラ」をなくすために、市場に合わせて製品を造る、という手法を採っています。当たり前のことですが、市場には多種多様のユーザーがいて、売れるクルマの総台数が変化します。したがって、トヨタでは市場が求めるものに合わせてラインを組み立て、一つのラインでいろいろな種類のクルマを造れるようにしています。

これは一見「ムダ」に感じられるかもしれません。確かに、同じクルマだけを一気に造ってしまう方が一台造るのにかかる時間は短くなるでしょう。しかし、それが売れなければ「ムダ」になってしまいます。そうならないために、市場という「後工程」に合わせて、「Pull System」でクルマを造っているのです。

市場が求めるものに合わせるという「Pull System」をベースとしつつ、仕事の進め方やアウトプット内容などの「設計」を的確に行うこと。それこそが、仕事の平準化につながり、「ムラ」をなくし、在庫を減らし、ひいては不良品や死蔵品の発生を抑えることにつながります。不良品が減れば、コストが抑えられ、顧客からの信頼も高まります。つまり、企業の発展、成長を実現できる、というわけです。

経営と組織をPull化するヒント③

「Pull Systemの人間関係」を機能させる

企業などの組織で働く人の多くは、「上へ行きたい」と願うものです。地位を高めることで、より大きな仕事ができるようになるからです。

しかし、上へ行きたいからといって、自分の能力をアピールすることに汲々としてはいけませせん。ましてや、自分の成果でもないことを自分がやったように粉飾したりするのはもっての外です。

働く人が心がけるべきことは、自分の能力を宣伝する「見せる化」ではなく、事実に基づくありのままの結果を「見える化」することです。

この考え方の根底にも、「Pull System」があります。自分の能力をアピールすることはすなわち「宣伝」です。宣伝とは、受け手がその商品を必要としているかどうかに関わらず、「この商品にはこんなよいところがある」と情報を押しつけることです。それはすなわち「Push System」です。

自分の能力をアピールして認めてもらうという「宣伝」、つまり「Push System」が当たり前になれば、声の大きい方が目立ってしまいます。あるいは、嘘や粉飾の上手い者だけが得をしてしまうかもしれません。

大事なことは、自分の能力を「見せる化」するのではなく、事実をありのままに「見える化」することによって能力を感じてもらうことです。

ありのままの事実を「見える化」する場合、事実を受け取る側が、その価値を判断するわけですが、情報を受け取る側に判断する権利があるということが重要なのです。なぜなら、情報を受け取る側がその価値を判断する「Pull System」が基本となっていれば、嘘や粉飾などが入り込む余地がなくなるからです。

このような「事実を見える化」することに基づく「Pull Systemの人間関係」がきちんと機能するためには、前提として「事実をしっかり見ようとする風土」、言い方を換えれば、「お互いの存在に対してリスペクトし合える風土」をつくり出すことが重要になります。

経営と組織をPull化するヒント④

「お陰お陰」の気持ちを忘れない

仕事の成果は「Pull System」の手法で、結果として現れた事実をありのままに「見える化」するべきだと述べました。

しかし、自分の評価だけでなく仲間たちの評価も関わってくるような、何人かのグループで取り組んだ仕事の成果や、部や課など組織単位で評価を受ける場合、同じように「Pull System」の手法による評価は適切といえるでしょうか。

自分だけの評価ならいざ知らず、グループの仲間のメンバーの評価も左右することになると思えば、やはり何かアピールしなければという気持ちが生まれると思います。責任感の強い人ほど、その傾向は強いでしょう。

そんなときには、「自分が」という前に出たくなる気持ちを抑えて、一歩引いてみることを勧めます。一歩引いてみると、自分の仕事はもちろん、グループや部署の仕事も、自分たちだけでできることではないと気づくはずです。

上司や部下、取引先、友人や家族など、自分たちを取り巻くさまざまな人たちがいるからこそ、自分たちは仕事ができて成果を出すことができたということに気づくと思います。

そう考えると、心の中から自然と感謝の気持ちが湧いてきます。そのとき、「自分が自分が」という前のめりの気持ちは消え、肩の力も抜けているはずです。

我を捨てて、周囲の人々や環境の「お陰お陰」という気持ちになるということは、「他力」の存在を学んだのと同じことです。

仏教用語における「他力」とは、「他人の力」という意味ではありません。「自力」が自分に備わっている力であるのに対して、「他力」とは、仏や菩薩などの働きを意味しています。生きていられること、仕事ができること、これらはすべて自分以外の大きな力によってはじめて可能になっているのだという考え方です。この考え方が腑に落ちたとき、傲慢な気持ちは消え、言動が謙虚になるのはいうまでもありません。

ベストを尽くして成果が生まれたとしても、それは自分の力だけではない、周囲の人々や与えられた環境のお陰という感謝の気持ちで働きたいものです。そんな気持ちになったとき、仲間を含めたチーム全体が求める成果は自然に表出し、認められることも多々あるのです。

経営と組織をPull化するヒント⑤

話が伝わらないのは「伝える側」の責任

「Pull System」では、誰かに何かを伝えようとした場合、相手に伝わったかどうかは、「伝える側の責任」と考えます。会議や打ち合わせでプレゼンテーションをする場合も、参加者に伝わったかどうかは、発表者の責任と考えるべきでしょう。

プレゼンテーションを行う人は、聞く人が理解しやすいように配慮しなくてはなりません。まず、説明する相手が誰なのか、何を伝えるべきなのか、といったことをきちんと整理します。

わかりにくいプレゼンテーションには共通点があります。細部の話から始まって、詳細な事例紹介を延々と行い、また次の細部の話をして、それぞれの話の総和が全体です、とまとめるようなプレゼンテーションです。細部の話から入ると、全体像がわからず、今どこの話をしているのかがつかめないのです。

理解しやすいプレゼンテーションの鉄則は、まず全体像を理解できるように話をしたうえで、細部の話をすることです。

プレゼンテーションに限らず、誰かに何かを伝える際には伝える側に責任がありますから、常日頃から「全体から細部へ」という話し方を心がけるべきです。

「全体から細部へ」の流れをつくるのが苦手な人を見かけますが、その人たちは「レイヤー」という概念をつかんでいないことが多いようです。

レイヤー（layer）とは、階層・構造を意味します。ビジネス書などを開いてみると、「Ⅰ・Ⅱ・Ⅲ…」といったローマ数字の「大項目」と、「1・2・3…」などのアラビア数字による「中項目」、さらに「（1）・（2）（3）…」などのカッコつき数字の「小項目」で構成されているのをよく目にします。「大項目」や「中項目」を確認して、必要な「小項目」について詳細を読んでいくように促す。これが、「レイヤー構造」です。

私は、この「レイヤー構造」こそが、人に何かを理解してもらおうとするとき、最も効果的な工夫だと思っています。

ビジネス書の例のごとく、レイヤー構造を意識しながら説明すれば、聞き手は話の内容をぐっと理解しやすくなるはずです。

もう一つ、理解してもらいやすい工夫を紹介します。それは、「なるべく結論から話す」ということです。まずは結論についてしっかりと説明した後、なぜその結論に至ったかについて話していくのです。

話し方ではありませんが、「今日の話のポイントは三つあります」とか「今日の説明は三〇分で終わります」といった配慮を話の冒頭にするのも、聞き手に「心構え」をうながすという点で効果的です。

報告や説明は、聞き手に貴重な時間を割いてもらうわけです。話者には、なるべくコンパクトに、伝わりやすいように話をする責任があるのです。

人材育成をPull化する

企業にとって重要なテーマの一つである「人材育成」を「Pull化」すると、上から目線で目標を押しつけられて動く人間ではなく、自ら考え、自ら動く人間が育ちやすくなります。

大学受験のような記憶重視の詰め込み教育は、「Push System」的な概念の教育です。頭を鍛えるという意味では、あるステージにおいて記憶重視の詰め込みも必要です。しかし、それだけでは本当の意味で人間の成長にはつながりません。

インターネットの普及に伴って情報の検索性が高まったお陰で、記憶は以前ほど重要ではなくなりました。現在はむしろ、検索した情報をどのように活用するかという「考える力」が重要視されています。

この「考える力」を養ううえで重要なのが、「Pull System」の考え方に基づく「場の提供」なのです。

人間は適切な場（機会）を与えられれば自ら考え、ベストを尽くします。これは人材育成に限らず、学業でも同じです。その結果、優秀な人材にもなり、学業成績もアップします。

つまり、仕事は押しつけるのではなく、自ら何をすべきか考え、そのやり方を模索する「Pull System」的な教育が人間の可能性を引き出すのです。

一人ひとりの能力が向上すれば、必然的に企業の業績は上向きになっていくはずです。

以下、「Pull System」に基づいて「人材育成をPull化」するヒントについて紹介します。

人材育成をPull化するヒント①

個人の知識や経験は「概念化」して伝える

デンソーで生産管理の仕事をしていた頃、私は上司からよく武勇伝を聞かされました。上司は確かに大きな仕事をしていたのでしょうし、それを部下に伝えることは人材育成の一環だったのかもしれません。

しかし、そのときの上司の話は、個別の事案に自分がどう対処したかという、「自慢」に終始しているように感じました。それでは、後輩たちの参考になるような経験も、残念ながら応用することはできません。他の人が応用できる形で相手に伝えて、はじめてその知識や経験は人材育成につながります。

このようなマネジメント手法を「ナレッジマネジメント」といいます。これは、個人の知識や経験を「見える化」して、知識の共有化を実現し、作業の効率化や新発見につなげるというものです。

ナレッジマネジメントにおいては「個人の知識を組織的に共有し、より高次の知識を生み出す」ことを目指します。つまり、自分の成功体験はもちろん、他者の成功体験も貴重な知識であり、それを活用することが大切というわけです。

すでに誰かが成功した手法を応用することができれば、同じように成功する可能性が高くなりでは、何をどのように伝えれば、個人的な成功体験を伝承し、共有することが可能になるのでしょうか。

私が自分の成功体験を誰かに伝える場合に意識しているのは、経験を概念化して伝えるということです。

まず、誰かに成功体験を伝える前に、自分の成功体験をきちんと整理し、どのように利用すればそれが次の成功へとつながるかを十分に考慮します。そのために、成功の要因を分解します。すると、そのときその状況だから成功したという特殊要因と、原理・原則に合致している成功要因に分けられます。これらをきちんと整理・分解したうえで、原理・原則に合致している成功要因だけを伝えるようにしてきました。

経験も知識も一人ひとり異なりますから、個人的な経験をそのままコピーしようとしても伝わるはずがありません。経験を概念化し、ロジックで伝わるものでなければ、決して伝わらないのです。

つまり、伝えるべきは「一人の営業マンがどうやって成功したか」ということではなく、トップ営業マンに共通するポイントであり、いわば「優れた営業マンの考え方」を抽出して伝えるということです。

このような成功要因の分析を行うには、いわゆる「メタ認知能力」が必要です。「メタ認知能力」とは「自分の思考や行動そのものを客観的に対象化して認識する能力」のこと。管理者は自分の成功体験を部下に伝える場合、具体的なケーススタディやハウツーだけではなく、「原理・原則」あるいは「概念」「考え方」といったメタファーに変換して伝える心がけが必要です。

「自慢話」は一種の"Push"です。一方、「メタファーの伝承」は部下の未来の成功を"Pull"する種になるといえると思います。

人材育成をPull化するヒント②

「本質」を伝えるには「嘘も方便」と心得る

「Pull System」では、伝えたいことが相手にきちんと伝わったかどうかは、受け取る側の問題ではなく、伝える側の問題であると考えます。とはいえ、伝えたいと考えていることの内容によっては、正確に伝えるのが難しいことも少なくありません。

人を育てるためには、ときに伝えることが難しいことも伝えなくてはなりませんが、そんな場合のヒントとなるのが、「嘘も方便」です。

仏教の開祖釈迦牟尼は、あるとき、大切な子どもを亡くした女性から「私の赤ちゃんを生き返らせてください」と訴えられました。すると釈迦は「今までに一度も死者を出したことのない家からカラシの種をもらってきたら、その子が生き返る薬をつくってあげよう」と言いました。女性は必死になって家々を回りましたが、死人を出したことのない家など一軒もありませんでした。そのことを通じて、この女性は「誰もが愛するものを失った悲しみを味わっている。生きとし生けるものは死を免れることができない」ということを悟ることができた、という話があります。

愛する人を失えば悲しく、できるものなら生き返ってほしいと思うものです。しかし、現実にそんなことは不可能です。愛する人を失っても、みなそれを静かに受け入れている。この普遍的な事実を気づかせることによって、わが子の死を受け止めさせたのです。

この話の中で、釈迦が女に言った「その子が生き返る薬をつくってあげよう」という言葉は客観的に見れば「嘘」です。しかし、悲しみに心を閉ざしている人に難しい話をしても受け入れられるものではありません。例え嘘をついてでも、自分で気づくように仕向けていくことが必要だったわけです。

これが、いわゆる「嘘も方便」というものです。「方便」というのは、仏教用語で「悟りへ近づく方法、あるいは悟りに近づかせる方法」のことを指します。

この「嘘も方便」は、人材育成においてもとても効果があります。情報は伝える側に責任がありますから、情報を発信する側の上司は、まずは受け取る側である部下の能力、レベル、置かれている状況などを見極めなくてはなりません。そのうえで、「伝えたい話の本質」はそのままに、なるべく伝わりやすい形に変換して伝えなくてはならないのです。釈迦の逸話でいえば、本質は「誰も生老病死は避けられない」ということです。その本質を伝えるために、釈迦はわざわざ女に「生老病死のない家」を探させたというわけです。

私は今も、相手に合わせて、相手が心の底から納得できるように、「本質」を伝える努力を続けています。まずは伝える側として伝えたいことの「本質」を理解するように心がけてください。

人材育成をPull化するヒント③

部下に約束を守らせるには三つの配慮が必要

自分一人で仕事をしているならともかく、上司や部下、同僚と一緒に仕事をする場合、さまざまな約束をしなくてはなりません。この約束は経営の方針管理に基づいたものであり、約束が守られなければその人は責任を負わなくてはなりません。

もしあなたが部下を持つ立場にあるなら、当然のことながら部下には約束を守ってもらわなくてはなりません。約束が守られているときは問題ありませんが、約束が守られないこともあります。そのとき、上司であるあなたはどうすべきでしょうか。

「この人は約束が守れない人なのだ」と烙印を押してしまうことは簡単ですが、それでは人材育成にはつながりません。人材育成のためには、「部下は約束を守りたかったはずだ」という「性善説」に立ち、そのうえで、自分が部下に対して「約束を守れるようにセットしていたかどうか」を考えるべきです。

約束を守れるように促すには三つのポイントがあります。一つは、約束ごとを明確にする。二つめは、約束の守り方（方法・コツ）を教える。そして、部下が約束を守れる状況に置く。この三つです。

もし部下が約束を守れなかった場合、自分がこれらのポイントをきちんと与えていたかどうかを振り返りましょう。

まず、約束ごとを明確にするには、「何を」「いつまでに」というように、約束内容を具体的にすることです。目標を設定する場合には、「〇〇を目指す」あるいは「〇〇を検討する」という曖昧なものではなく、きちんと数字や納期を決めておかなければなりません。

二つめの「約束の守り方を教える」ためには、相手に約束を守れる力があるかどうかを見極める必要があります。もし約束を守る力がなければ、どうやれば約束を守ることができるか、その方法やコツを指導しなくてはなりません。

例えば「目標を達成するためには、必達目標よりも上の希望目標を自主的に設定し、そこを目指して努力した方がよい」とアドバイスするなり、約束を守れる手だてを教えてあげるのです。

三つめの「部下が約束を守れる状況に置く」というのは、与える仕事の量や忙しさを考慮するということです。ときにはプライベートまで配慮した方がよい場合もあるでしょう。

いずれにしても、部下が約束を守れなければ、管理者の仕事は成立しません。ところが、これらの「約束を守らせる要件」を確認せず、約束を部下に強要している場面をしばしば見受けます。ただ闇雲に命じるだけではなく、約束を守らせるにはどうすればよいかを考えましょう。

管理監督する立場の者が、一つひとつ配慮を積み重ねることで約束は守られ、目標が達成され、会社が成長します。

また、こうした配慮を受けた部下が管理者になったとき、その人は自分の部下に同様の配慮を行うようになります。そのような好循環が生まれるとき、永続的な成長が可能になるのです。

人材育成をPull化するヒント④

人材育成には、全身全霊、最後まで責任を持つ

最近、ニュースなどを見ていて気になるのは、世の中が全体的に「最後まで責任を持つ」という意識が希薄になっていることです。製造業においては、製品をきちんと検査し、顧客から求められた基準をクリアしているものだけを納品するのは当然のことです。

ところが、製造業以外の仕事の現場において、一人ひとりの仕事をそこまで細かくチェックすることはまずないでしょう。言い方は悪いかもしれませんが、「やりっ放し」です。

しかし、私はどのような仕事であっても、仕事の成果はもちろん、そのプロセスまできちんと検査し、一定の基準を満たしているかどうかを精査するべきだと考えています。なぜなら、企業の活動は無限に続き、この継続性を高めるためには「やりっ放し」ではなく、きちんと精査し、後に再現したり、同じ間違いを回避したりすることが不可欠だからです。

製造業では一つひとつの仕事を評価するにあたって「仮説は正しかったか」「行動は正しかったか」「その結果として成果が予定通りでたか」の三点を数値化して判断し、評価します。これを経営やマネジメントの仕事に換言すれば「あるべき姿に到達できたか」「課題に対する施策立案ができたか」「各々の施策が実行できたか」について客観的に判断するということです。そのためには、きちんとした「検査基準」を設けなくてはなりません。明確な基準を持つことで結果や成果を数値化することができ、誰が見ても理解できる検証につながるのです。

この「最後まで責任を持つ」という考え方は、人材育成にもあてはまります。会社における上司と部下の関係は親子関係とは異なりますが、やはり「最後まで責任を持つ」ことが大切です。一番やってはいけないのは、部下を甘やかすことです。甘やかしたツケは、甘やかしたリーダーではなく、その会社が支払うことになるからです。

仕事において「甘やかす」とは、見て見ぬふりをすることです。自分の部下でいる間だけ問題を起こすことなく、大過なく終わればそれでよい、というのではダメです。見て見ぬふりをすることなく、全身全霊で対峙することが大事です。

限られた時間の中で、教えられる限りの知識や経験、技術を部下や後輩に伝えるようにしましょう。部下が突然会社を辞めてしまうかもしれませんし、こちらが真剣に教えても相手は真剣に受け取ってくれないかもしれません。それでもよいのです。あなたが持てる限りの情熱で伝えた知識や経験、技術はどこかで生きていくはずです。

何より、人に何かを教えるということは、自分にとっても勉強になります。教えたいことが部下に伝わらないとしたら、なぜ伝わらないのか、どうして相手は理解してくれないのか、自分に非はないだろうか、ということを自問自答してください。見て見ぬふりをすることなく、ぶつかることを恐れず、真剣に向き合うことが、お互いの成長につながるはずです。

人材育成をPull化するヒント⑤

部下のミスは人材育成のチャンスと考える

世の中には「言うは易く行うは難し」ということが数多く存在します。その一つに「先入観を持たない」ことが挙げられます。人間は脳の構造上「記憶」と「感情」が密接に結びついているので、そもそも「先入観を持たない」ことが難しい生き物なのです。

そういう特質を持ったわれわれ人間が先入観を持たないようにするには、自分の記憶と感情を結びつけないようにしなければなりません。

例えば、過去にある部下が失敗して自分に迷惑をかけていたとしても「彼は過去に大きな失敗をして自分に迷惑をかけた人」と記憶するのではなく、「彼の現在の強みと弱みはこれこれで、この部分に成長の可能性がある人」と、分析的に未来志向で記憶することが大切です。

とはいえ、これこそ「言うは易く行うは難し」です。大切なのは、思わず「またか！」と言ってしまいそうな結果になったとしても、その結果だけにとらわれないようにすること。結果だけを見てしまうと、どうしても感情的になってしまいます。そんなときには感情を一晩寝かせて反芻してみるのがよい方法です。

部下がミスをしたとき、何かトラブルが発生したとき、管理者はその人をただ責めるのではなく、「二度と同じようなミスが起こらない方法や仕組み」について考えるようにしましょう。そうすれば、ミスやトラブルの発生は、「今よりもっとよい方法」を見つけ出すことができるチャンスに変わります。

ミスやトラブルの発生を好機に変える有効な手段は、仕事のプロセスを把握できるように「見える化」しておくことです。

それと同時に、上司である自分自身に非はなかったか、見直すことも大切です。例えば、「年間・月間業務計画表」を活用し、一つひとつの仕事にしっかりとゲートを設定して進捗状況をチェックする。結果を出さなければならない期限から逆算して「誰が」「いつまでに」「何をやるか」という計画を立てます。そして、それぞれに対して何か事が起こったときにリカバリーできるようにリードタイムを設定してチェックを行えば、「結果」をコントロールできるようになります。

部下を育てるうえで大きな役割を担っている管理者、リーダーは言動に注意しなければなりません。部下を育てるためには例え失敗したとしても二度、三度と挑戦させるべきです。挑戦する前から「もう失敗するなよ！」と、部下が萎縮するようなことを言ったり、再挑戦もさせずに異動させてしまうのは、成長のチャンスを奪うだけで教育にはなりません。部下にとって教育にならないばかりではなく、部下を育てることから逃げようとする自分も、他の部下たちからの信頼や尊敬が失われてしまうかもしれません。

人を育てるということは、とても大きな勇気が要ります。自分を守りたいと考えて行動してしまう自分自身との闘いでもあるということを意識して、先入観を持たないように努めることが重要です。

人材育成をPull化するヒント⑥

爆発前に部下のストレスの芽を摘んでしまう

黒字か赤字かなど企業の業績は、さまざまに公開される情報から容易にわかります。業績や財務状態が良好なら、誰もがその企業は好調なのだと感じます。人間の身体も、健康診断などのデータから健康なのか、どこかに不調があるのか、簡単に知ることができます。しかし、企業の経営状況も人間の健康状態も、データ化された数字だけの判断で、すべてがわかるのでしょうか。本当はそんなに単純なものではないような気がします。

生物は、摂取したものからエネルギーを生み出し、生命を維持します。しかし、エネルギーに変換するとき、不要なものを排泄します。この不要なものがきちんと排泄されなければ、生命を維持するためのエネルギーもつくれなくなってしまいます。

私は、この生物の仕組みは、そのまま企業にもあてはまるものだと考えています。会社では、成果という「正のエネルギー」にばかり着目します。しかし、「正のエネルギー」があるなら、当然「負のエネルギー」も存在すると思うのです。光が当たる部分があれば、光の当たらない影の部分も当然ある。経営者や管理者は、とにかく光が当たっている部分である「成果」にばかり着目してマネジメントしてしまいがちですが、これは大きな誤りです。「正のエネルギー」に着目して評価することは大切ですが、同時に「負のエネルギー」に目配りして、それが溜まりすぎてしまうリスクを管理しなくてはなりません。

会社経営における「負のエネルギー」の代表は、仕事をしていく中で蓄積されるストレスや不満です。それらが溜まりすぎて爆発してしまう前に、その芽を摘んでしまうことが大切です。

仕事の難易度や量、その人の適性を見直したり、長期間同じ仕事をしている人は職場異動をさせる。イジメやパワハラ、セクハラなどのハラスメントが起こっていないか注意することも必要です。こうした目配りを一人ひとりに行い、全員がストレスなく働けるような環境づくりに配慮すべきです。

「負のエネルギー」はなかなか目に見えにくいものですが、それを放置しておくと会社のコンプライアンスに関わる事態が発生することにもなりかねません。そこまで大事にならないまでも、職場に一人ストレスを溜め込んだ人がいるだけで、チーム全員の働くモチベーションが低下してしまうこともあります。

経営者や管理者は、光の当たらない部分にこそ目を配り、心を配るべきです。一人ひとりの心の中に淀んでいるゴミを濾過してしまう努力をしましょう。

普段からきちんと目を配っていれば、「いつもと違うな」「話し方に元気がないな」「最近会議中も上の空だな」と感じるものです。

仕事は人間同士でつくっていくものですから、ある程度は相手のテリトリーに踏み込んでいかないと上手くいくはずがありません。部下から上司のテリトリーへ入るには気が引けてしまいますから、上司の方から部下に歩み寄るべきです。上司が何気ないことを気にかけてくれていたら「そんなところまで見てくれているんだ」と嬉しい気持ちになることもあると思います。

人材育成をPDCA化するヒント⑦

リーダーはリーダーにしか育てられない

会社が成長を続けていくためには、新たな目標に向かって会社を引っ張り、部下を引っ張っていくリーダーの存在が不可欠です。その意味で経営者にとって、次世代のリーダーを育成することは非常に重要な仕事の一つといえます。

役員会や人事部が中心となって将来性があると思われる幹部候補者やリーダー候補者を選抜し、コンサルタントを雇ってリーダー研修などのプログラムを行うことは珍しいことではありません。それはそれで意味があることでしょうが、研修で本当に会社が必要とする次世代のリーダーが育成できるかというと、私はそうは思いません。

人は、周りにいる人たちの言動を見て育っていきます。ある本で「子どもは親の言う通りに育つのではなく、親がしているように育つ」という言葉を読んだとき、私は大きく頷いたものです。親なら子に期待するのは当たり前で、自分より優れた人物になってほしいと願います。しかし多くの場合、子どもは親の期待通りには育ちません。いつの間にか自分そっくりになっているというのです。つまり、親の言動や姿を見て育つのです。これは親子間だけに限ったことではないでしょう。会社における人材育成も基本的には同じだと思うのです。

ですから私は、「リーダーはリーダーにしか育てることができない」と考えています。仏教用語に「因果」という言葉がありますが、原因がなければ結果もありません。つまり、会社の中にリーダーがいるから（＝原因）、その背中を見て次のリーダーが育っていく（＝結果）のです。

リーダーというのは、まさに「人の先頭に立ち、人を導く人」のことです。人を導くためには、それなりの人生経験はもちろん、管理経験や経営経験が必要です。それらがなければ、誰もこの人についていこうとはしないでしょう。

自ら手を挙げて「俺がリーダーだから俺についてこい！」という人をリーダーとは呼びません。部下から見て「あの人についていきたい」と思える人がリーダーなのです。

人材育成の研修を全否定するつもりはありません。ただ、それだけで十分、研修プログラムを終えたからリーダーになれるというものではない、と思うのです。

禅において「師家《しけ》と修行者との呼吸がぴったり合うこと」を「啐啄《そったく》」といいます。これはもともと、卵の中である程度育った雛鳥が、内側から殻を割って出ようとするのを、親鳥が外側からつついて助けるという意味の言葉です。つまり、今のリーダーと次のリーダーの息がぴったりと合い、有形無形のリーダーとしての資質を「授ける」ことによって、次のリーダーが生まれるのです。

経営者がやるべきことは、研修プログラムではありません。まずは、見込みのあるリーダー候補生たちの手本となるリーダーは誰か、そもそもそんな人が社内にいるのかどうか、ということを見極めること。社内にリーダーがいなければ、次世代のリーダーは決して現れません。もし今、自分の会社に部下たちが手本とすべきリーダーがいなかったら、外部からリーダーに相応しい人を連れてくるのも一つの手でしょう。それなりの地位を与え、その人が中心となって、次世代のリーダーを育てるようにする。それこそが、常にリーダーが生まれるという、よい循環につながるのです。

第三章

異質から多様性を生み出す

経営とは調和ある多元的なアウトプットを目指すもの

経営者や従業員が代わっても、企業は無期限に事業を継続することを前提としています。そのような企業行動を「ゴーイングコンサーン」といいます。この考え方に立つことによって、株主・顧客・従業員・仕入先、社会などのステークホルダーとの関係を永続的に保つことができるのです。しかし、企業が無期限に継続するといっても、未来永劫変化しないということではありません。

進化論を唱えたダーウィンは「この世に生き残る生き物は、最も力の強いものか。そうではない。最も頭のいいものか。そうでもない。それは、変化に対応できる生き物だ」と言ったと伝えられています。本当にこう言ったかどうかの異論は残りますが、この言葉の意味するところは真理だといってよいでしょう。

経営を取り巻く環境は変化を続けています。今まで強みだったことがある日突然弱みになってしまうことも少なくありません。そんな激しい変化の中で、企業が生き残っていくためには、何が必要なのか。私は、多様性だと考えています。

前述したように、企業における価値創造の主体は人です。その人の可能性を広げることが企業の多様性となる。それが変化に対応して生き残る術だと思うのです。では、人の可能性を広げるためにはどうすればよいのか。その一つの手段は、積極的に異質を取り入れることです。

経営者の仕事は、オーケストラにおける指揮者になぞらえることができます。

オーケストラでは、その楽団に属する演奏者たちがそれぞれ異なる楽器の音を奏でます。指揮者は自分で楽器を演奏することはなく、演奏者たちによりよい演奏をしてもらい、それぞれの音を調和させて聴衆に提供する。それが指揮者の仕事です。

こう説明すると、指揮者の仕事と経営者の仕事が近いことが理解できると思います。聴衆から得られる入場料が売上、オーケストラが企業で、演奏者たちが従業員、そして指揮者が経営者となるわけです。

企業経営とは、異なる能力を持った一人ひとりの社員が力を合わせて製品やサービスを提供し、利益を上げることを目指すものなのです。ただし、経営者の場合は企業を取り巻くさまざまなステークホルダーによって多元的に評価されるという点が、オーケストラの指揮者と大きく異なります。

私は、経営とは「人」「モノ」「金」「情報」などの経営資源を有効に活用（インプット）して、顧客、従業員、株主などの満足に加えて、社会貢献も含めたアウトプットの最大化を目指すことと定義しました。そう考えると、経営を司る経営者とは「アウトプット÷インプットの最大化を目指す人」と定義することができます。

これは、投入した資源から最大限の利益を手に入れることと考えると、「生産性の最大化」と言い換えられるように感じられるかもしれません。しかし、それほど単純ではありません。一般的に「生産性の最大化」は、いわゆる総資産経常利益率や資本当期利益率など、経営効率を図る財務上の指標で表現されます。

しかし、それらの指標において分子、要するにアウトプットとされているのは「利益」だけです。一方、私が「アウトプット÷インプットの最大化」といった場合のアウトプットは、決して利益だけではありません。顧客・従業員・株主の満足、そして社会貢献まですべてを含んだものをアウトプットと考えています。

これらは、どれかを追求すればどれかが不満になるなど、互いに相反するものもあります。だからこそ、私は「これらすべて」をバランスよく最大化することが大切なのだと考えているのです。

具体的に言うと、アウトプットを最大化するための一つの手段には、「価格を抑えて顧客満足を追求する」「給料を上げて従業員満足を追求する」などが考えられます。いずれも短期的にみれば利益は減少しますが、長い目で見てそれを補う戦略があれば問題はありません。

逆に、利益だけを追求して価格の高い製品やサービスだけを提供し続けても、そこに顧客満足がなければ売上は伸びないでしょう。また、価格破壊で顧客満足だけを追求しても、従業員の昇給は見送られ、そもそも利益を得られる仕組みがなければ早晩倒産してしまうでしょう。

つまり、経営者の仕事の最も本質的な部分は、短期的な利益だけにとらわれることなく、長期的な視点で、その時々のインプットとアウトプットを最適化して調和させることなのです。

このインプットとアウトプットのバランスを取って調和を図るうえで私が大切にしているのが、「一人ひとりの成長が会社の成長につながり、会社の成長が社会の発展に確かに貢献している実感があること」です。

従業員は経営者にとって重要な経営資源の一つであると同時に、満足度を追求すべきステークホルダーでもあるからです。インプットとアウトプットの両方に関わる従業員の満足度が高いというのは、この難しいバランスを取るうえでの一つのカギとなると思います。「人」「モノ」「金」「情報」からなるインプットと、顧客・従業員・株主の満足と社会貢献からなるアウトプット、それぞれを構成する要素のどれか一つだけを突出させるのではなく、全体を見て最適なバランスを考えるように心がけることが大切です。

大切なのは、変えてはいけないことと変えるべきことをきちんと見極めて、変えるべきところはいつでも変えられるように準備しておくこと。未来の環境変化は誰にも予測できませんが、自分の知らないことを恐れてはいけません。変化を受け入れる柔軟さが必要です。以下、異質を取り入れて多様性を実現するためのヒントをご紹介します。

異質から多様性を生み出すヒント①

仕事は個人戦ではなく、団体戦と心得る

大学受験や入社試験、資格取得のための試験などでは、受験者は自分一人の力で難問に立ち向かわなければなりません。誰かに頼ることはできませんし、誰も助けてはくれません。もし誰かに助けを求めたら、それは不正行為として退場を余儀なくされてしまいます。

しかし、仕事はそうではありません。仕事でも試験と同じように、越えられそうにない壁にぶつかることもあれば、どれだけ考えても答えが見つからないこともあります。しかし、仕事は試験と違い、あなたは決して一人ではないはずです。

会社はより大きな成果を得るために、「人」「モノ」「金」「情報」といった経営資源を最適に配分します。会社にとっては、あなたも含めて従業員全員が経営資源なのです。そんな意味を込めて、「人材」ではなく「人財」と表現した本や新聞、雑誌の記事を見たことがあると思います。

これは言い換えれば、仕事で難問に直面したときには、経営資源である人の力を集め、さらに

「モノ」「金」「情報」など、他の経営資源も駆使しながら立ち向かえばよいのです。

「三人寄れば文殊の知恵」という諺がありますが、一人よりも二人、二人よりも三人、メンバーが集まって知恵を出し合えば、自ずと突破口が見えてくるはずです。

その際、私が重要だと考えていることは、同じような考え方の人ばかりではなく、なるべく考え方の違う人、異質の人を含めるようにした方がよいということです。

「SECIモデル」で知られる、一橋大学名誉教授の野中郁次郎氏は「知識創造」の考え方において、「異質なものの組み合わせ、あるいは多様性こそが知識創造につながる」としています。

この異質なものの組み合わせに関しては、全員がいわゆる高学歴、有名大学卒業の四番バッターである必要はありません。それよりもむしろ、知恵を出し合う「場の空気（雰囲気）」を大切にするべきだと考えます。率直に意見を出し合い、議論を戦わせることで、自分の中でもしっかりと形になっていなかったアイデアや考え方が具体的になっていくことは少なくありません。

ですから私は、全員が自由に意見を出し合える雰囲気も含めた「場の空気」をつくり、提供するのも経営資源の一つであると考えています。

仕事における問題に一人で立ち向かう必要はありません。むしろ自分だけでなく周りの人々の知識や経験なども含めた経営資源を総動員して、よい結果を出すべきです。逆に一人ひとりが力をつけておくべき重要なことは、「ネットワークを駆使して人を集める力」や「問題に気づく力」

「問題をつくり出す力」だと思います。

異質から多様性を生み出すヒント②

異質を取り入れて、化学変化を起こす

「0＋0＝0」……。「0」をいくつ足しても「0」になる。小学生でもわかる足し算ですが、経営者の中にはこの当たり前のことに気づかず、「0＋0＝1」、つまり「0」をいくつか足して「1」にしようとしている人がいるように感じます。

なぜ経験豊富な経営者がそのように考えてしまうかというと、恐らく過去の成功体験にとらわれすぎているからだと思います。

例えば、マーケット自体が拡大している高度成長の時代なら、市場自体に受け入れる余地がありますから、もしかすると「0」が突然変異して「1」になるといった「0＋0＝1」の計算が成り立つことがあったかもしれません。しかし、日本は少子高齢化が進み、マーケットは縮小傾向にあります。これがさらに進むと、多くの会社は競合企業と生き残りを懸けた総力戦を戦わざるを得ません。新たな市場を求めて海外進出といった手段を考える必要も生じるでしょう。長年培った技術やノウハウを応用して、新規事業を立ち上げるべきかもしれません。要するに、過去

の成功体験ではなく、未来志向で戦略的に動くことが不可避なのです。

そんな時代には、今までと同じ価値観で行動する人材ではなく、今までにない価値観や行動力を持った人材が必要になります。低成長、国際化、多角化、価値観の多様化といったキーワードに対応できる人材を育成することが不可欠です。大切なことは、時代の変化に常に備えるために、積極的に異質な人材を仕事に組み入れ、育成していく風土を育むことです。とはいえ、なかなかそんな時間的な余裕のある企業は多くはないでしょう。

そこで大切なのは、今まで会社の中になかった能力を持っている人や、異質な人材を社外から社内に積極的に取り入れて化学反応を起こさせることです。

異質な人材を積極的に加えることで「0＋0＋1＝1」となり、そこから今まで「0」だった人にも化学反応が起こって「1＋1＋1＝3」となるかもしれません。そうやって、変化に対応できる組織へと生まれ変わっていくのだと思います。

変化し続ける時代の先を読むことは非常に困難です。将来、どのような人材が必要となるかなど、予測できるはずがありません。しかし私は、人間にはまだ気づいていないたくさんの能力が眠っており、大きな可能性があると信じています。きっかけさえあれば、その眠っていた能力が開花して組織全体を動かすような力となることも少なくないのです。

異質から多様性を生み出すヒント③

会議の三つの役割を忠実に守る

何か重要な決断を行うとき、それに関係する人たちを招集して会議を開くのが一般的です。しかし、決断を下すのは会議ではなく、あくまでも経営者、責任者、リーダーといった個人です。決断することは、上に立つ人の重要な仕事なのです。

決断をするのは会議ではなく個人である。なのに、どうして会議を開くのでしょうか。私は、会議の役割は三つあると考えています。

一つは、会議は「報告の場」であるということ。会議においては、意見やアイデアなどを求める前提として、経緯や背景、あるいは現状や周辺環境などの情報を共有しておくことが重要です。電子メールなどで事前に資料を配布しておくと、効率的でしょう。

二つめは、会議とは「審議の場」であるということ。会議は、議題に関わる人たちの意見を広く集め、結論へと近づくためのプロセスです。声の大きい人の意見だけでなく、少数派の意見にも耳を傾けなくてはなりません。できるだけ多くの人から、さまざまな意見を出してもらうためには、誰でも忌憚なく意見を言える雰囲気をつくることが大切です。

三つめは、会議は「結論を出す場」であるということ。会議で出されたアイデアや意見によって、何となくある結論が優勢になることがありますが、それはあくまでも一つの選択肢であって、結論ではありません。「結論を出す」とは、管理者なり経営者なり議長なり、要するに結論を下すべき人が一人で決断することをいうのです。

ところが現実には、意見やアイデアに耳を傾けてもらえない出席者がいる、意見やアイデアを発言しにくい雰囲気の会議も少なくありません。選択肢を狭めながら、最終的には多数決で結論を出し、誰が意思決定したかを曖昧にするといった会議がまかり通っているのは、そうした背景があるからです。これでは、会議を行う意味などありません。

会議とは、リーダーが決断を下すために、広く意見やアイデアを求める場である。このことを十分理解してもらいたいと思います。

リーダーには決断を下す権限と責任があります。したがって、常に慎重に、いや臆病なくらいに、出席者の意見やアイデアに細心の注意を払わなくてはなりません。そして、自分が感じていることは間違っていないか、会社の経営理念に合致しているか、真の顧客視点になっているか、といったことを自問自答するのです。

しかし、決断を下す際には大胆でなくてはなりません。広く意見を求めたうえで到達した結論を信じ、迷うことなく決断すればよいのです。リーダーに迷いがあると、誰もついてきてくれません。できるだけ広く、たくさんの意見を求め、最後は自分一人で決断する。そして下した決断に対して責任を持つ。リーダーは決してその重要な役割から逃げてはいけません。

異質から多様性を生み出すヒント④

会議の質を高める「型」を準備する

私たちは常日頃から会議を開き、さまざまなテーマについて議論を行い、それぞれの意見を統合して最適と思われる結論を導き出しています。

わざわざ時間と場所を使って、関係者が集まり議論をする理由は、一人で考えて答えを出すよりも、会議で議論した方がよい結論を導き出せるからです。いわゆる「文殊の知恵」です。

しかし、この「文殊の知恵を導き出す」ために、会議ではお互いが考えていることや言葉をより厳密に共有し合う必要があります。

何かのテーマについて議論をするとき、私たちは自分の頭の中にあるイメージを言葉に置き換えて相手に伝えます。一方で、相手は発せられた言葉を再び頭の中でイメージに置き換えて理解しています。

同じ会社、同じ組織に属していて言語に関して共通認識が高ければ、お互いの頭の中にあるイメージはとても近いものになるでしょう。しかし、あまり共通言語を持たない者同士で議論をしたり、あるいは難しい内容について議論したりする場合、より有意義な議論を行うためにお互いの頭の中にあるイメージを事前に近づけておく必要があります。それができないと、議論の目的である有効な結論、つまり「文殊の知恵を導き出す」ことはできません。大切なことは「どうやってみんなの思考を同じ土俵に持ってくるか」ということです。

まず大切なのは「言葉の定義」です。そのうえで「型を決める」ようにしましょう。

一例をあげると、問題としている事象の中から対になる要素を見つけて、行と列に配置し、その交点に各要素の関係の有無、関連度合いを表示する手法である「マトリックス図」をつくるのも有効な手段です。

問題を発見するためには「グラフ」や「管理図」が有効ですし、問題の原因を把握したいときには「パレート図」「ヒストグラム」「特性要因図」などが向いています。

これらに共通しているのは、議論の対象となっている現象を「見える化」することです。「見える化」することによって、誰にでもすぐに問題点が理解でき、何を考えるべきかが明確になり、議論の迷走が避けられます。

どのような型を用いるかはケースバイケースですが、これらの手法を用いることによって、議論は活性化し、「文殊の知恵」へとつながる可能性が高くなります。

議論を行うことは大切ですが、貴重な時間をムダにしないためにも、テーマとなっている議題や、参加者が考えていることを、文字だけではなく、図や道具を使って表現した資料を配布し、それを説明することから始めると、とても効率的です。

参加者が全員同じイメージを共有したうえで、お互いに説明したり補ったりしていくうちに、新しい発想や思考が生まれ、検討に値する問題が浮かび上がってきたり、よい解決法を導き出したりする可能性が高まります。それこそが議論の最大の意義なのです。

第四章

「サムシンググレート」としての方針管理を実践する

方針管理を有効にする考え方

会社を成長させるには、何のためにこの会社は存在するのかという「社会的な役割」や「使命」ともいうべきものを示した「経営理念」と、将来の会社のありたい姿を描く「ビジョン」を示すことが重要です。

この経営理念・ビジョンを社員が共有すると、社員一人ひとりの力がその実現に向かって結集され、会社の活動は力強くなり、それが社会の求めに合致しているのなら、収益拡大や成長にも結びつきます。

この経営理念・ビジョンを実現するために必要なのが「方針」です。しかし、ややもすると月々の売上など、目先の目標にとらわれ、社員の行動が方針から逸脱したり、方針そのものを忘れてしまったりします。そこで必要となるのが、「方針を管理する」ということです。

では、方針の管理はどのようにすればよいのか。結論的に言えば、「方針管理を自然界におけるサムシンググレートにみなす意識」を持てばよいのです。

ここで私が言う「自然界におけるサムシンググレート」とは、いわゆる「人知を超えた何か」のことです。

これは、生態系（エコシステム）で考えてみるとよくわかります。エコシステムは、さまざまな生物や植物などによって成り立っています。それぞれの個体は、全体としての調和を取りつつ、自分の生命を維持し、生態系全体の中で何らかの役割を担っています。

なぜ調和をとることができているのかというと、それは誰か（例えば人間）の意思によって調和をとろうとしているのではなく、調和を取ろうとする何か、つまり「人知を超えた何か偉大なもの」の意図が存在しているというより説明のしようがありません。

全体の調和の下に与えられている一つひとつの役割は平等かというと、決してそうではありません。厳しい環境下で生きることを余儀なくされる生物もいれば、食物連鎖の頂点に立って悠々と生きる生物も存在します。

しかし、それは偶然ではなく、それぞれが全体の中での自分の役割を全うするために、必然的に「そうでなくてはならない」のです。

この「エコシステムにおけるサムシンググレートともいうべき意図」を、経営における施策に具体的に落とし込むのが「方針管理」です。

会社を構成する社員一人ひとりは、別人格であり、個性も好みも能力も異なります。会社の成長には、十人十色、一人ひとり異なる人の行動をまとめ、全体としての整合性を持たせる必要があるのです。この方針管理が、企業を「摂理に合った方向＝経営理念の実現」に導くわけです。

方針管理をサムシンググレートとして機能させるには

方針管理をサムシンググレートとして機能させるには、具体的には何が必要なのか。方針を会社全体に切れ目なく展開し、徹底させていくには、経営理念のもと、

・ビジョンをつくる
・戦略、方針、計画をつくる
・これらを管理する

この三つが必要です。

「ビジョン」を立てて、「戦略・方針・計画」を管理していくには、「PDCAサイクル」を活用するのが有効です。

「PDCAサイクル」とはPLAN（計画）→DO（実行）→CHECK（評価）→ACTION（改善）の四段階を繰り返すことによって、生産管理や品質管理業務を継続的に改善したり、円滑に進める手法のことです。

「人づくり」によってその人が成長すれば、PDCAのサイクルもそれまでと同じレベルで回るのではなく、少しずつスパイラルアップしていきます。つまり、計画（P）が高いレベルにセッ

トされ、実行（D）も評価（C）も改善（A）もそれに伴い高いレベルで回ることになります。

さらに、「人づくり」によって人が成長すれば、それまで「与えられた環境」として認識されていた事項が改善の対象に変化します。そうすると「ビジョン」も「戦略・方針・計画」もより高度なものとなり得るので、結果として企業の逞しさをさらに向上させることにつながっていきます。

それぞれのレベルでPDCAサイクルを確実に回せば、計画・目標を達成するための活動も確実に展開されていきます。

ビジョンとは、経営者の想いを「見える化」したもの

一口に「方針」といっても、経営理念やビジョン、長期経営計画、中期経営計画、年度経営計画、部門計画、個人目標など、内容・期間・範囲などによって、さまざまな種類が考えられます。

ここで考える「方針」の最上位は経営理念であり、その次にくるのがビジョンです。

経営理念とは、企業活動を通して社会にどのように貢献していくか、といったその会社独自の存在理由といってよいでしょう。長く続いている老舗企業などの場合、経営理念は創業の精神と

いう場合も少なくありません。

これに対してビジョンというのは、時代と共に変わらなくてはなりません。いわば経営理念をその時代時代で具現するための方針。つまり、時代を経ても変わらない経営理念に対して、ビジョンはその時々の時代を投影しながら、数年後、あるいは一〇年後くらいの具体的な「あるべき姿」を描くものです。

ビジョンは経営理念に基づいて現在の経営者の「想い」を「見える化」したものといえるかもしれません。

従業員一人ひとりに経営者のビジョンが浸透し、全員が一丸となってその実現を目指すことで、会社は継続的な成長・発展に向かっていくのです。

ビジョンとは、ゴーイングコンサーンを前提とした会社がその活動を継続し、成長・発展するうえで欠かせないものの一つなのです。

ビジョン策定の前に「会社の無形財産」を分析する

経営者は、従業員の力を一つにまとめて大きな力へと変えるために、ビジョンをしっかりと策定しなくてはなりません。そのために、まずは経営理念として掲げられている「会社のＤＮＡ」を再確認することです。自分たちの会社が「何のためにあるのか」あるいは「どのように社会に役立ちたいのか」という存在意義、あるいは使命をしっかりと再確認することが重要です。

そのうえで、「環境分析」と「強み分析」をしっかりと行います。環境分析とは、「時間と空間」を意識して、地球という環境の中で未来において自分たちを取り巻く環境がどう変化しているかを読み解くことです。

一方の「強み」とは、必ずしも財務諸表などで表現される「タンジブルアセット（有形財産）」だけとは限りません。

技術、人材、仕組み、ノウハウ、風土など、会社が時間をかけてコツコツと積み上げてきた、企業価値を左右し、会社の強さの源泉となる目に見えない資産、いわゆる「インタンジブルアセット（無形財産・知的財産）」も大きな「強み」です。

これら無形の財産をきちんと分析することで、財務諸表に表れない、本当の意味での「強み」を知ることができるようになります。

この「会社のＤＮＡの再確認」「環境分析」「強み分析」の三つを的確に行うと、会社の今後の方向性や「あるべき姿」は自然と見えてきます。そこに経営者自身の「こうなりたい」あるいは「こうしたい」という想いを乗せることで、ビジョンが立ち現れてくるのです。

ここからは、「ビジョンをつくる」ための具体的なヒントについてご紹介していきます。

ビジョン策定のヒント①

経営理念・環境・強み

経営者の大きな仕事の一つは、自らが率いる会社の「あるべき姿」について考え、それをビジョンとして社内外に示すことです。

この「あるべき姿」というのはそれぞれの会社が理想とする未来の姿です。したがって、誰の目にも見えないものであり、また当然のことながら、そう簡単に見えてくるものではありません。

私が初めてビジョン策定に携わったのはデンソーの経営企画部時代に「DENSO VISION 2005」をつくったときでした。何を礎にして考えたらよいのか大変迷ったことを覚えています。長い間考え抜いた末、「あるべき姿」を考えるうえで三つの要素が重要だという結論に達しました。

それは、

・会社のDNA（経営理念、使命）

・会社を取り巻く現在そして未来の環境

・これまで会社が培ってきた有形無形の強み

この三つです。

会社の将来像あるいは理想像である「あるべき姿」をしっかりと見極めるためには、まずは経営理念、あるいは創業の想い、設立の趣旨に立ち返ることが大事です。

創業者は何のためにこの会社を設立したのか、社会に対してどのような形で役立ちたいと考えたのか、といった原点を見直すことです。

なぜなら、会社には生まれた理由があります。よくいわれることですが、変化のときにこそ原点に返るべきなのです。経営理念などに明記されている創業者の想いは、さまざまな形で従業員たちに影響を与え、現在まで受け継がれているはずです。それこそが、会社の「ＤＮＡ」であり、そこには「あるべき姿」へとつながるヒントがあるはずです。

次に創業から現在、そして未来への「環境」の変化について考えることです。

会社というのは環境の変化に応じてさまざまに形を変えて生き残りを図ります。会社のＤＮＡはそう簡単に変化しませんが、価値観や行動、パラダイムなどはその時々の環境に応じて柔軟に変化します。

そもそも経営とは「いかに環境に適応するか」ということであり、会社が長期にわたって生き残るために必要なのは「強さ」や「賢さ」だけではなく、「柔軟性」が必要なのです。

したがって、これまでの会社の変化の変遷、そして今後の予測を見ていけば、会社がどのような価値観で自らを変化させてきたか、あるいは変化させるべきかといったことが見えてきます。それはそのまま、未来の「あるべき姿」を描くうえでのヒントとなるはずです。

最後に「強み」です。P・F・ドラッカー氏が、「会社の強みに焦点を当てて経営することが成功への近道である」と語っている通り、それぞれの会社の「強み」を生かすのが経営です。

これまでの歴史の中でどのようなヒット作があるのか、会社の方向性を決定するようなイノベーションはあったのか、そしてこれから強みとなるのはどのような事業、製品、技術、サービスなのか、について考えましょう。これもまた、未来の「あるべき姿」のヒントになります。

ここに「経営者の想い」を照射することで、その企業の未来における理想像である「あるべき姿」が立ち現れてきます。

ビジョンを策定するということは、この「あるべき姿」を実現するためのシナリオを考えることなのです。そして、ビジョンを策定することの最大の目的は、従業員一人ひとりの意識を変えることです。なぜなら、社員の意識が変われば行動が変わり、社員の行動が変われば会社が変わるからです。そうやって一歩一歩成長や発展に向かうために、経営者はしっかりと過去を振り返り、未来を予測して「あるべき姿」を描くことが重要です。

ビジョン策定のヒント②

「絶対的価値」を追求する

会社が「あるべき姿」を目指して成長・発展へと向かうためには、成長や発展に資する価値が必要です。ですから、どうすれば価値が高まるのか、ということについて考えておく必要があります。

会社の価値を高める方法には、大きく「ベンチマーク」と「絶対的な価値の追求」、この二つのアプローチがあると思います。

ベンチマークとは、ライバル企業など他社と比較しながら自分たちの価値を高めていく方法です。このアプローチは、これまでの自分たちのやり方を見直し、大きな変革を通して企業価値を高めようとしているときなどに効果的です。

人間は今までやってきた方法を無意識に選んでしまうものです。また、大きな変革には痛みを伴うことも少なくありません。しかし、「それでも変革していく必要があるのだ」ということを理解するために、何かベンチマークとなる存在が必要になるのです。

例えば、「現在成功しているあの会社のやり方は、これだ」といった成功例を示すことで理解を得やすくなり、従業員の心を一つにまとめることにつながります。これはいわば、他社との比較の中から見えてくる価値であり「相対的な価値」です。

もう一つの「絶対的な価値の追求」とは、会社の存在意義など経営理念に立ち返り、理想とする姿やあるべき姿を追求するというアプローチです。

この方法を行うには、自分たちが目指す方向性に対する確信、揺らぐことのない哲学が必要になります。

経営に携わる人なら、後者の「絶対的な価値」を追求すべきだと思います。なぜなら、「相対的な価値」は、技術革新などの環境変化に伴ってある日突然意味をなさなくなる可能性があります。

しかし、経営理念に立ち返り、信念や哲学に基づくいわゆる「絶対的な価値」を追求していけば、環境が変化しようともその価値は失われることはありません。

ただし、信念や哲学が絶対的に正しいものであるかどうかを見極めることは、そう簡単なことではありません。間違った信念や哲学に基づいて「絶対的価値」を追求してしまうと、かえって会社全体を危機に陥れかねません。常に「本当に大丈夫だろうか?」と自問自答する必要があります。

自問自答をし続けると、そもそもなぜこの仕事に取り組んでいるのか。そもそもこの会社の存在意義は何なのか。そもそも人は何のために生まれてくるのか。こうした「そもそも論」に行きついてしまうかもしれません。

しかし、「そもそも論」で原点を見つめ、突き詰めて考えていくことが、経営者には必要です。先行き不透明な時代において、正解を導き出すことは難しいことです。そんなときにこそ、真面目に全力で「そもそも」について考え抜く重要性が高まっていると思います。

ビジョン策定のヒント③

使命感と役割意識を持つ

会社は、多くの従業員を雇用してさまざまな製品やサービスを提供しています。会社には、提供している製品やサービス、それを利用しているお客様はもちろん、雇用している従業員やその家族、そして社会に対して大きな責任を負っています。

利益が増えればいい、自分たちさえよければいい、あるいは、自分が生きている時代だけよければいいといった考え方では、会社の経営者の責務を果たしているとはいえません。

経営者は、会社は継続するもの（ゴーイングコンサーン）であり、現経営者が存在しなくなった後も、その企業活動は続くという意識と使命感を強く持たなくてはなりません。つまり、会社の「あるべき姿」とは、今経営に携わっている自分がいなくなった後の姿でもよいということです。

当たり前のことですが、一人の人間が生きられる時間は限られています。しかし、人一人がこの世からいなくなった後も、世界は存在し続けます。会社の経営者は自分以外のために、今やるべきことをしっかりとやる。そんな「使命感」を持たなければならないのです。

ゴーイングコンサーンとしての会社を経営し、会社を取り巻くさまざまなステークホルダー（利害関係者）の満足を実現するためには、「時間」と「場」を複眼的に見た環境分析が必要です。

時間に着目した分析で見えてくる「あるべき姿」は、未来像です。将来、会社がどのような役割を果たしているかということであり、そこに自分がいるかどうかは関係ありません。

また、場に着目した分析で見えてくる「あるべき姿」は、地域の中で、あるいは日本の中で、さらには世界でどのような役割を果たすか、ということです。

まだ誰も見たことのない未来という環境の中で、自分たちのあるべき姿を描くことが経営においては不可欠であり、それを描くためには「役割」や「使命」を意識せざるを得ないのです。つまり、使命感や役割意識のない経営者は、自分たちの未来像を思い描くことができないといっても過言ではないのです。

ビジョン策定のヒント④
広い視野で本質を見る

私は、若い頃に習得した少林寺拳法を通じて多くのことを学びました。その一つが「八方目」です。少林寺拳法はもともと護身術ですから、何よりも自分の身を守ることに重きを置いています。そのため、「敵と対峙するときには八方目で構えよ」ということを教えられます。

人間の目は顔の前面にあります。だから、前しか見えないと思ってしまいがちです。しかし、実はその視野は意外に広く、両目を合わせれば一八〇度見ることができるといわれます。

ところが、どこか一点に視線を集中してしまうと、視野はとたんに狭くなってしまいます。本来見えるはずの部分も見えなくなってしまうのです。少林寺拳法の「八方目」とは、「どこか一点に視線を集中することなく、もともと一八〇度視野に入っていることを意識して、全体を見るようにしなさい」ということです。視野全体にあるすべての存在を認識する程度に見ていれば、どこかに動きや変化があればすぐに気づくことができます。

この「八方目」という考え方は、実はリーダーにとっても重要だと思います。リーダーは、あらゆる情報に目を通し、さまざまな事象に配慮しなければなりません。自分の興味のあること、目先の利益、そんなことにばかりに神経を集中することなく、あらゆるところに目を向け、物事の本質を見極めることが大切です。

そういう意味では、「八方目」よりもさらに増やして、「十方目」であるべきだと考えます。一八〇度だけではなく、リーダーにとって欠かせない「過去」と「未来」を加えるべきだと思うのです。

リーダーは、どこか一点に視線を集中したり、何か興味を惹かれることだけに集中したりしてしまうと、他のものを見落としてしまう可能性があります。冷静に、平常心であらゆる物事を見ることで、会社にとって正しいビジョンとはどのようなものか、自分たちが選ぶべき道、とるべき手段は何か、正しい決定は何か。こうしたことが客観的に見えてくるようになります。それを習慣化することで、いつの間にか視野は広くなり、見えないはずのものが見えるようになっているものなのです。

ビジョン策定のヒント⑤

外部の英知を活用する

製造業においては、部品の調達などで、昔から外部の力を活用してきました。現在は外部の力を借りる意味も範囲も、以前にも増して多岐にわたっています。そうした流れの中、経営の中心的テーマともいえるビジョンの策定においても、外部のコンサルタントに相談するケースが少なくありません。

しかし、外部のコンサルタントに相談する場合に心得ておくべき大切なことは、「外部は自分を映す鏡だ」ととらえることです。

製造業における部品づくりを外注するのであれば、設計図があって「何を造るべきか」が明確にわかっています。ところが、コンサルタントの場合は設計図がありません。依頼する側ができる限り情報を整理して依頼しないと、期待する答えは出てこないのです。

私もこれまでの仕事の中で多くのコンサルタントと仕事をしてきました。そんな中で心がけてきたことは、自分たちはどうありたいのか、現在の状況はどうなのかなど、さまざまな情報を提供したうえで、必ず「こうしたいのだがどうだろう」という「自らの仮説」を持つことでした。

「ビジョン策定」をする際、外部のコンサルタントに協力を依頼する場合、ある程度のビジョンの骨格は経営者および経営スタッフで考え、それを外部からの目、専門家からの目でチェックしてもらいます。ビジョンの基となるアイデアや骨格などが何もない状態で、いきなりコンサルタントに「我社のビジョンをつくってください」とか、「我社の赤字転落の要因を分析してください」などと依頼しても、正確に分析できるはずはありませんし、期待する答えは得られません。

あくまでコンサルタントは外部の人ですから、内部の人間以上に社内を知っているはずがない、という当たり前のことをきちんと認識したうえで、外部の英知を使いこなすべきでしょう。

リーダー自身が「自らの会社のことは自らが考え抜く」という姿勢を持つことはいうまでもありませんが、自身が出した結論を「仮説」として外部のコンサルタントなどにチェックしてもらう。そうすることによって、よりよいものにしていくというスタンスが大切です。

より価値ある成果を求めるため外部の力を借りるなら、まず情報を集め、自ら分析し考え抜き、その結果を「仮説」として、外注はあくまで「自分を映す鏡」という意識で依頼することが重要です。

戦略・方針・計画をつくる

経営者は、会社が将来どうあるべきかを描き、その姿を実現するための具体的な数値目標などを決めて一人ひとりの行動にブレイクダウンしていきます。これによって、社員は一丸となって一つの方向へ走り出します。この「会社の将来あるべき姿」を決める要素には、方針と計画の二つがありますが、それぞれの意味と違いを十分に認識しておかなくてはなりません。

方針は、「あるべき姿」を描いたビジョンに基づいて決定します。ビジョンに基づいて経営方針を決め、事業運営方針、部方針などを決めていきます。これは会社が目指す方向、ある事柄を行ううえでの基本となる行動指針ですから、「言葉」で表現することが可能です。

一方、計画は「あるべき姿や施策を具体的に数値化したもの」です。具体的には、長期経営計画、中期事業計画、年度計画などです。

こちらは何らかの目的・目標を達成するために、「将来どのように行動するのかを決めたもの」ですから、5W1Hで表現されることになります。したがって、金額・期間・納期など、できるだけ「数値」で表現することが重要です。

方針と計画は似ているようですが、それぞれ体系が異なります。

方針とは、ビジョンから個人の行動指針まで、「目指す方向」という意味で一気通貫していなくてはなりません。一方、計画はビジョンから個人目標まで、数値をベースに切れ目なく展開している必要があります。

この方針体系と計画体系が、それぞれ整合しつつ車の両輪のようにそろっていれば、そのプランニング（設計）は正しいといえます。

成功するか否かの七〇%はプランニングの段階で決まります。その場合の設計とは、この方針体系と計画体系が整合して策定、立案できているかどうかということです。これがきちんと策定・立案できていれば、企業は「あるべき姿」へ向かって動き始めるものなのです。

戦略・方針・計画をつくるヒント①

あるべき姿を意識して、取るべき行動を選ぶ

誰かに「仕事とは何か」と尋ねられたとしたら、あなたは何と答えるでしょうか。私は「『あるべき姿』を実現するために『取るべき行動』を選択して実行すること」と答えます。

当然のことながら会社によって「あるべき姿」は異なりますから「取るべき行動」も、自ずと異なります。したがって、社員一人ひとりにも異なる「あるべき姿」と「取るべき行動」があるはずです。それをきちんと決めて実行することが仕事である。私はこう考えています。

では、「あるべき姿」と「取るべき行動」はどのようにして決めればよいのでしょうか。

「あるべき姿」は「目的」と、また「取るべき行動」は「手段」と似ていると感じるかもしれませんが、少しニュアンスが違います。なぜなら、目的と手段はその主体の状態や環境に応じて変化するものだからです。

例えば、人間が生きる「目的」をマズローの「欲求五段階説」で見ると、最上位に位置するのが「自己実現」です。これを仕事に置き換えてみると「あるべき姿」と同じといえます。ところが、これはあくまでも最上位のもので、ここに至るまでに人間にはさまざまな「目的」がありま す。それは、一人ひとりの状態に応じて変化する「生理的欲求」から「安全の欲求」「社会的欲求」

「尊敬、評価の欲求」というステップです。

つまり、人間にとって最初の生きる目的は、「生理的欲求を満たすこと」であり、そのための手段を選びます。そして、この「生理的欲求」が満たされて初めて「安全の欲求」を満たすことが目的になるというわけです。そうなると、最上位にあたる「自己実現の欲求」を目的に生きるためには、その下位の欲求である「尊敬、評価の欲求」までのステップが満たされている必要があります。このように、目的と手段というのは主体の状態に応じて変化するものなのです。

一方、会社が何のために存在するのか、どうあるべきかという「存在意義（使命）」は、それぞれの会社にとって絶対的なものとして存在します。その揺るぎない「存在意義」を明示したうえで、五年とか一〇年など期間を定めて、その存在意義をその時代に投影図としてビジュアル化したものが、「ビジョン」となります。その「ビジョン」を実現するために「取るべき行動」を日々取捨選択していくのです。したがって、それはすぐに達成できるものではありません。

しかし、自分が置かれている環境や会社の状態、あるいは会社を取り巻く環境などに過度に合わせた行動を取ることによって基軸がブレてはいけません。「取るべき行動」は、あくまでも「存在意義」に対してどうか、という視点で選ばなければならないのです。

私は、ビジョンなどの「あるべき姿」は「～になっている」という意味で「Be」、一方の「取るべき行動」は「～をする」という意味で「Do」と表現するようにしています。大切なのは、常に「あるべき姿＝Be」を意識しながら「取るべき行動＝Do」を取捨選択するということです。逆に言えば「あるべき姿＝Be」を意識せずに何でもかんでも手を出すこと、取りあえずやってみることといった施策は、私からみれば単なる迷走に過ぎません。

このビジョンなどの「あるべき姿＝Be」は、「何が」「いつまでに」「どうなっている」という形で表現します。

一方の「取るべき行動＝Do」は5W1Hで表現します。Who（誰が）、What（何を）、When（何時）、Where（何処で）、Why（何故）、How（どのように）という具合です。これは、「中期経営計画」「年度事業計画」などといったものになるでしょう。要は「ビジョン」において描かれた「あるべき姿」へと近づくために、具体的な行動計画を立てるわけです。

戦略・方針・計画をつくるヒント②

現実と理想のギャップは戦略的思考で解消する

方針管理に基づいて目標を達成するためには「経営戦略」を立て、具体的な行動を起こす必要があります。したがって、経営者はまず「経営戦略とは何か」という定義をしっかりと考えることから始めなければなりません。

戦略とは課題形成ですから、あるべき姿を描いて現状とのギャップを見つめ、そのギャップを埋めるためのシナリオをつくる必要があります。このシナリオに基づいて、社員全員で力を合わせて目標達成を目指せば、現状とあるべき姿のギャップは埋まっていきます。

では、具体的な「経営戦略」を立てるうえで大切なものは何か。私がこれまで経営戦略を立て、それを遂行した経験では、戦略を立てるための思考のポイントは三つあると考えています。

一つめは、「明確な目標を意識した思考」です。「経営戦略」を立てて遂行するには、具体的な「数値目標」を設定して誰が見てもわかるようにゴールを明確にしておくことが大切です。

二つめは、「シナリオを意識した思考」です。目標に到達するためのルートはたくさんあるので、その中から最適なものを一つ選ばなくてはなりません。ルートを決めたら、どのルートでゴールを目指すのか、ゴールまでの途中にどのような目印、いわゆるマイルストーンがあるのかといった詳細なシナリオをつくります。

三つめは、「組織や社会全体を巻き込む思考」です。シナリオを遂行するためには、なるべく多くの人が同じ方向を向いて力を合わせる必要があります。競合他社の動向を知る必要もあるでしょうし、スピードや生産性なども重要な問題です。その際、お互いに足りない技術やノウハウなどの補完を目的とし、他社とアライアンスを組むのもよいでしょう。自社の従業員はもちろんですが、社外も含めて世の中全体を巻き込んでいくような思考を持つことが大切なのです。

戦略・方針・計画をつくるヒント③

仕事を設計する

仕事をするからには、誰もが「よい結果」を出したいと思います。では、仕事における結果とは何か。最もわかりやすいのは「目標を達成できたかどうか」です。目標を達成するためには、一緒に働く人たちの間で目標をしっかり共有し、その目標に向かって一致団結して努力することが不可欠です。それができたとき、目標達成の可能性はぐっと高まります。

では、どうすれば目標に向けて一致団結できるかですが、そのカギは「仕事の設計」にあります。

私はこのことを、デンソー時代に一緒に働いていた設計部門出身の上司に叩き込まれました。

その上司は一緒にゴルフをしているときに、「ゴルフが上達するポイントは二つ。一つはどのクラブを使ってどう打つかというプランを立てること。もう一つは、プラン通りに打つことだ」と言われました。

これは仕事も同じで「よい結果を出すためには設計が大切で、あとはその通りに実行できるかどうかだ」と教えてくれたのです。

製造業においては設計部門が最初につくった図面通りのものをラインで製造することはほとん

どもありません。製造部門と何度も打ち合わせ、試作を重ねて問題を解決し、ようやく量産が可能になります。

当然、設計がダメだと何度も試作したり設計変更したりしなければならず、手間も時間も余計にかかります。このようなムダを減らして「よい結果」を出すためには、最初から「よい設計」をすればいいのだというのです。

これをマネジメントに置き換えると、ゴールをきちんと共有して、「よい仕事の進め方」「よいアウトプット内容」といった、「よいプランニング」で臨めば、当然よい結果につながる可能性が高くなる、というわけです。

つまり、「仕事の設計」とは、いわゆる「PDCAサイクル」における「P（プランニング）」を指します。状況や目的に応じて目標達成までの道筋をつくり、さらにその設計図を進捗状況や環境の変化などと照らし合わせて見直し、修正することです。

しかし、時間や環境の変化によって、昨日まで合目的だった仕事が今日からそうでなくなることは日常茶飯事です。したがって、常に「仕事の目的と仕事内容の整合性」をチェックする目を持たなければなりません。

この「仕事の設計」次第で、成果は大きく変わります。状況や目標に合わせて一人ひとり異なる能力を最大限に活かし切る「仕事の設計」こそが、目標達成へのカギを握っています。私の感覚では、仕事の成果の七割は「仕事の設計」次第だといっても過言ではありません。

ただし、この「仕事の設計」も、時と場合によって大きく変化します。「仕事の設計」というのは「精度優先（プランニングを正確に行う場合）」か、「納期優先（プランニングを早く行う場合）」かに大別されるからです。「経営計画の策定」というような仕事は、「精度優先」で、しっかりと時間をかけて準備をする。一方、「製造ラインで不良品が発生した」といったトラブル対応の場合は「納期優先」で即時に結果を出すことが求められます。それぞれの目的・目標に合わせて、やるべきことを「設計」する必要があるというわけです。

戦略・方針・計画をつくるヒント④

「仮説→実験→証明」を繰り返す

カリスマ経営者の体験談などで、勘や信念、ひらめきに導かれたといったようなエピソードをよく耳にすることがあります。確かに起業のときはそれでよいかもしれません。

しかし、会社はゴーイングコンサーンですから、一発当てればそれでよいというわけにはいきません。短距離走のような瞬発力よりもむしろ、フルマラソンを完走する継続性が求められます。その際に重要なのが、仕事を「科学的アプローチ」に基づいて進めることです。ここでいう科学的アプローチには、「仮説を立て」「実験し」「理論で証明する」という三つのステップがあります。

最初のステップは、できるだけ正確な未来についての仮説を立てることです。

しかし、一言で未来についての仮説といっても、その可能性は無限にあります。そこで、会社を取り巻く経営環境はもちろん地球環境なども含めて、無数にある可能性の中から自らの「あるべき姿」を決め、現状とのギャップを埋めるための「課題」を見つけ出して「取るべき施策」を決めるのです。

そのときに必要なのは、自らの信念であり、哲学や人文科学、自然科学、社会科学、歴史など幅広い分野の基礎教養ともいえる「リベラル・アーツ」です。

次のステップは、仮説に基づいて、実験（行動）を開始することです。

仮説が正しければ成果が出ますし、正しくなければ成果は出ません。さらに、実験をしている間にも、仕事を取り巻く環境は時々刻々変化しますから、その変化も考慮したうえでの仮説設定ができなければ、期待した成果が出ないことにもなりかねません。自然科学との最大の違いはここにあります。

科学的アプローチで仕事を進めるにあたっては、変化が当然という周辺環境を読んだうえで行動を決定する必要があるのです。

科学的アプローチの最後のステップが「理論で証明する」です。

これは、「仮説」「行動」「成果」の因果関係を整理したうえで、「反省」というフィードバックを加え、その組織を永続的な発展へとつなげる仕組みです。「反省」とは結果が出たこと、出なかったことの理論的証明でもあります。このプロセスを経て、再び「仮説」を立て、「実験」を行い、「理論」で証明することを繰り返します。それによって、会社はゴーイングコンサーンとしての使命を全うすることができるのです。

戦略・方針・計画をつくるヒント⑤

必達目標と希望目標の二つを設定する

私たちは仕事を通して一定の成果を得ることを目指します。とはいえ、一人ひとりがただ闇雲に目の前の仕事をしていても、望むような成果を得ることは難しいでしょう。より大きな成果を確実に手に入れるためには、一緒に仕事をする人と一致団結して同じ方向に向かって邁進することがポイントです。そのように、結束して仕事に向かい合うための第一歩となるのが「目標を決める」ことです。

この目標には二種類あります。

・経営者の哲学や信条などから決める絶対的な目標

・競争相手などの存在を意識して決める相対的な目標

この二つです。

多くの会社では、ビジョンとして絶対的な目標を描き、経営計画として具体的な数字目標や行動指針などが決められています。私たちは日々の仕事の中で、その数字の達成を目指します。全員が同じ数字目標を共有し、その目標を達成するためのあらゆる施策について考え、それらを一つひとつ実践し目標を達成していくことによって会社は成長していくのです。

そのとき気をつけておきたいのは、目標を決めるときには、必ず二つの目標を設定するようにすることです。

一つは「どうしても達成しなければならない目標＝必達目標」、もう一つは「できたらここまで到達したいと思う目標＝希望目標」です。この二つを決めて、「必達目標」ではなく「希望目標」を達成するためにどうすればよいかを考え、行動することが大切です。

仕事の環境は常に変化しているので、目標達成を目指すうえで困難な状況（リスク）も発生します。そのようなリスクが現実になったとして、「必達目標」をクリアできなければ大きなチャンスを逃すことになります。極端な場合には会社の存亡すら危うくなるかもしれません。

しかし、例え何らかのトラブルが発生した場合でも、「必達目標」を上回る「希望目標」を設定して、それを目指していれば慌てることはありません。説明するまでもなく、「希望目標」は達成できなかったとしても、「必達目標」はクリアしている確率が高いからです。

もう一つ、私が「希望目標」を設定しておくべきだと考える理由は、人間には無限の可能性があると思うからです。多くの人は目標に向けて努力をします。その結果として、予想をはるかに凌駕するような成果を挙げることも少なくありません。実は、そのような人間の可能性についてきちんと想定しておくことも大切なことなのです。

戦略・方針・計画をつくるヒント⑥

現状と目指す姿を対比して示す

マネジメントという仕事は、自分で動いて実現するというより、人を動かして実現することが多いものです。やりたいことや目指す目標を伝え、それをきちんと理解してもらい、みんなで実現することが大切です。問題点を改める「改善」にしろ、従来の制度などを根本的に改めて新しいものにすることを目指す「改革」にしろ、一人では実現不可能です。周囲を巻き込んで一緒に動いてもらわなくてはなりません。

では、自分の考えを正しく理解してもらい、協力してもらうためにはどうすればよいのでしょうか。

私の経験では、協力しやすいリーダーと、協力しにくいリーダーがいるように思います。

例えば、リーダーが目標だけを提示し、「これを実現するために努力してほしい」と言っても、命じられた方はどうすればよいのか、理解に苦しむ場合が少なくありません。逆に、リーダーが「今はこうだけど（Before）、こうありたい（After）」という現状とこれから目指す姿を対比して示し、何をどのように変えたいのか、変えるべきなのかを具体的に提示して命じると、命じられた方は自分のやるべきことを理解しやすくなります。

リーダーが陥りやすい失敗は、「自分にわかっていることは、みんなも当然知っている」と考えてしまうことです。しかし、頭の中で考えていることや理解度は千差万別です。「改善」や「改革」の方向性だけを力説されてもわからないことが多いのです。

最初にボタンを掛け違えてしまうと、元に戻ってやり直さなくてはならないことも少なくありません。せっかくの時間や労力がムダになってしまうばかりか、場合によっては取り返しのつかないケースにもなりかねないのです。

リーダーにとって大切なのは、どのように現状を認識しているのか、現状のどこが問題なのか、問題部分をどのように変えたいのか、これらをきちんと提示することです。

人間というのは「変化」に敏感です。何をどう変えるのかということが明らかになっていると理解しやすいのです。シンプルなことですが、「Before」と「After」を対比させて「改善」や「改革」の方向を語ることが大切です。

戦略・方針・計画をつくるヒント⑦

業務計画はOJTのツールとして活用する

私がデンソーに勤務していた当時、ビジョンや経営計画などに基づいて会社全体の年度計画が立てられ、そこから部門ごとの年度計画がつくられていました。

部門の目標を受け取った部長はそれを、部員一人ひとりの目標に落とし込みます。そのときに重要なのは、部下に毎月三か月先までの計画や目標を作成させ、それを実行させることです。

例えば、四―六月期の業務計画に基づいて、六月が終わった段階でチェックして七月の詳細なアクションを決定します。それと同時に、七月を含めて向こう三か月の新たな業務計画を立てるのです。つまり、常に三か月先を見ながら、目前の仕事に取り組むようにしていました。

このように数か月単位で業務計画をつくる目的は、計画的な業務遂行にありますが、もう一つ重要な役割があります。それは「部下のOJT」です。

まず、数か月ごとに業務計画を作成すること自体がトレーニングになります。同時に、部下一人ひとりにつくらせた業務計画を前に、先月の業務に関する進捗状況を確認することができますし、一人ひとりの目標や成果が部門全体や会社全体の中でどのような役割を担っているかなど、部門長は各々の部下といろいろな会話をすることができます。これは部下の目標達成意欲を高めるための意思疎通になります。目標に届かなかったら、一緒に「なぜなぜ」を繰り返し、問題点を洗い出して改善に取り組むことは言うまでもありません。

管理者やリーダーは、業務計画を単なる計画遂行のためのツールに終わらせることなく、これによって部下を育てるという意識を持ち、目に見えない資産であるインタンジブルアセットを積み上げる努力を怠らないことです。

戦略・方針・計画を管理する

管理とは、「正常を定義し、異常を正常に戻す仕事」です。ビジョンに基づいて戦略・方針・計画を立てたあとは、それを確実に実行し、最終的にどのような結果になったかを管理しなくてはなりません。これを円滑に進めるための仕組みが、「ＰＤＣＡサイクル」です。

前述しましたが、ＰＤＣＡとは「ＰＬＡＮ」「ＤＯ」「ＣＨＥＣＫ」「ＡＣＴＩＯＮ」の頭文字をつなげたもので、それぞれ次のような意味を示します。

・PLAN（計画）：従来の実績や予測などを基にして業務計画を作成する
・DO（実施・実行）：計画に沿って業務を行う
・CHECK（点検・評価）：業務の実施が計画に沿っているかどうかを確認する
・ACTION（処置・改善）：実施が計画に沿っていない部分を調べて処置をする

改めておさらいしておくと、まずは経営理念に基づいて五年後や一〇年後の「あるべき姿」である「ビジョン」を描きます。このビジョンへと近づくために、中期経営計画や年度計画、部門目標、個人目標などを決め、一人ひとりが自分の目標を達成し、部門が目標を達成し、年度で全体が目標を達成するといったことを繰り返す必要があります。

この「繰り返し」が「PDCAサイクル」であり、「ビジョン」と「一人ひとりの仕事」を結び付ける仕組みなのです。

戦略・方針・計画を管理するヒント①

会議を「経営資源」ととらえる

経営理念やビジョンに基づいて方針を決定し、それを実現するための計画を策定したら、それを実行に移さなくてはなりません。そのための議論を深める「場」が会議です。会社という組織を動かしていくためには、さまざまな情報や意見を集約し、そこから一つの結論を導き出さなくてはなりません。

この会議を有意義なものにするためには、「データ」と「データを情報に変換する仕組み」が必要です。

データとは、事実や予測を数値化したもので、過去の実績や未来の市場調査などの数値のことですが、数字だけを羅列しても意味がありません。この数値を意味のある情報に変換する仕組みが必要なのです。

会議は、データを情報へ変換したものを基に、関係者が集まって知恵を出し合う「場」でなければなりません。会議では、さまざまな意見やアイデアを集約して、最終的に結論を出すのがリーダーの役割です。

最終的にリーダーが結論を出すのであれば、会議は不要ではないかという意見があるかもしれません。しかし会議では、データから導き出された情報以外のもの、すなわち数値化が不可能な情報への目配り、気配りが行われます。ここに会議の必要性があります。

私は、会社経営における経営資源の一つとして会議は欠かせないと考えています。要するに、いわゆる経営資源といわれる「人・モノ・金・情報」に、意見を出し合い検討する「場」としての会議も経営資源の一つだと思うのです。

空気感や雰囲気といった目に見えないもの、数値化できない情報こそが重要で、リーダーはその「場」を活性化し、正しい結論を導きだすようコントロールする必要があります。そういった目に見えない情報にはパラダイム、規範もあるからです。

例えば、ドイツがなぜヒトラーを生み出したか、イギリスはなぜEU離脱の道を選んだのかといったことについて考えると、場の雰囲気の重要性が理解できるのではないでしょうか。

この場の雰囲気をコントロールして意思決定に反映したいと考えたら、やはり実際に顔を合わせないと難しいのです。ですから、意思決定においては「場」が欠かせない要素の一つなのです。

戦略・方針・計画を管理するヒント②

5S運動を導入する

「5S」という言葉があります。これは製造業やサービス業などにおいて職場環境を維持、改善するために徹底されるべき五項目をローマ字表記し、その頭文字「S」をとって五つにまとめたもので、具体的には以下の五項目のことです。

・整理（いらないものを捨てる）
・整頓（決められたものを決められた場所に置き、いつでも取り出せる状態にしておく）

・清掃（常に清掃をして、職場を清潔に保つ）
・清潔（上記3Sを維持する）
・躾（決められたルール、手順を正しく守る習慣を身につける）

この5S運動導入のメリットとしてよく挙げられるのは、職場環境の美化、従業員のモラル向上ですが、それぞれについて少し説明しておきます。

まず、整理です。整理するためには「何が必要で何が不要か」という基準が必要です。必要なものを捨ててしまったり、不要なものを残したりしても意味がありません。きちんとした基準を設けて必要なものだけを残すのが、本来の「整理」です。

次に、整頓です。整理して残された必要なものを決められた場所に置き、いつでも取り出せる状態にしておくことが「整頓」です。何をどこに置くのかというルールを決めなくては、どこに何が置いてあるのかわからなくなってしまいます。

さらに、不要なものを増やさないために清掃をします。整理・整頓・清掃された美しい状態を保つために、清潔を意識します。具体的には、定期的に書類の要不要をチェックし、不要なものは破棄する。使ったファイルは使用後に元のキャビネットに戻すというようなことです。こうしたことを習慣化するのが躾です。

しかし、この5Sを徹底することは、単に職場の美化や働きやすさだけを目的としたものではありません。5S運動の究極の目的は、職場環境を「正常に機能させる」ことであり、5Sの維持は「異常を発見して正常に戻すこと」なのです。これは一人ひとりが自分の仕事を管理するのと同じことです。

5S運動を導入すると、業務の効率化や不具合流出の未然防止、職場の安全性向上といった効果が表れますが、これはまさに社員一人ひとりが管理を心がけているからに他ならないのです。

5S運動によって、実現した「正常」であっても、それは絶対的なものではありません。常にその「正常」について「なぜ?」と問い続けることが必要です。整理なら「何のために残すのか」、整頓なら「どうしてここに置くのか」、清掃なら「本当に清潔なのか」といった具合です。これを常に問い続ければ、真の意味での「あるべき姿」が見えてくるはずです。

戦略・方針・計画を管理するヒント③

部門の機能をゼロベースで見直す

会社にはさまざまな組織があり、それぞれに役割があります。その組織が存在するのには、その組織でなければ果たせない仕事があるから、と考えられています。

しかし、本当にそうでしょうか。本部、部、課や係などの部門は、過去に必要であったから存在しているのであり、現在も必要なのかどうか、また将来も必要なのかどうかはわかりません。ときにはとっくに機能不全になっている場合もあるので、ゼロベースで見直すことが必要です。

そのときに注意したいのは、機能に着目しないようにすることです。というのは、機能というのは必要か不必要かではなく、「人がいるから」という理由で存続していることがままあるからです。

官公庁の天下りは、その好例です。天下る人がいるから天下り先はポストをつくって受け入れる準備をする。その場合、受け入れる側にとって「そのポストが必要かどうか」ということは全く関係ありません。人を受け入れるためにポストと機能を付加しているからです。

社内の理由でも、これと同じことが起こる可能性があります。人がいて、機能があればそれは会社にとって必要なのだと感じてしまう可能性が高いのです。

ではどのように考えるべきか。組織にとって必要な機能ではなく、会社全体の中の役割という視点で部門の存在理由を考えればよいのです。

会社全体の役割とそれに必要な機能があり、それを分担するのが部門ごとの機能だと考えると、どの部門、どの機能が必要で、何が不必要なのかが「見える化」されるはずです。

しかし、この「見える化」を実際に行うとなると、かなりの抵抗が予想されます。どこかの機能が必要ないと判断されてしまうと、その部門で働いている人たちは仕事を失ってしまう可能性があるからです。これを解決するためには、社員一人ひとりを多能工化するしかありません。

多能工化とは、一人ひとりが多彩なスキルを身につけることなので、会社の中でさまざまな仕事に従事できるようになり、現在のポストにしがみつく必要はなくなります。

つまり、抵抗なく組織の存続、廃止を行うには、人材育成から考えなくてはならないのです。

リーダーは、全体の役割と機能から各部門の機能が最適化されているかどうかという視点を持つことが重要です。そして、社員一人ひとりの力を信じ、しっかり教育をして、力を発揮できる場を提供する。そうすれば、人間はどんどん成長していくものです。そのとき、会社という組織の全体最適化が実現するのです。

戦略・方針・計画を管理するヒント④

未来を志向しつつ、現在をおろそかにしない

会社とは、泳ぐのを止めたら死んでしまうマグロのようなもので、常に前へ、未来へと進んでいかなければなりません。

会社とはゴーイングコンサーンを前提とした存在と繰り返し述べてきましたが、努力している会社ほど、未来における自分たちのあり方について真剣に考え、未来の仕事に対して「人・モノ・

金・情報」といった経営資源を集中させるのは、そのためです。

一方、現在の顧客に満足してもらうことも重要です。今、問題なくいっているのだから、何もしなくてよいというわけではなく、「今」を大切に積み上げることでしか、会社の未来はないのです。

例えば、経営改革の一環として巨額の投資をして、新たなシステム開発に取り組んでいる会社があるとします。そのシステムが完成した暁には、未来の顧客に大きな満足を感じてもらえる可能性があります。しかしその一方で、現在稼働しているシステムを利用している顧客もいます。いつ、何が起こるかわからない不測の事態にも備えなくてはなりません。サイバー攻撃へのセキュリティ対策、地震など天災発生時の対策など、やるべきことを数え上げればきりがなく、日常のオペレーションこそ、おろそかにしないよう考えるべきです。

改革というと、つい未来のことばかり考えて、前のめりになってしまいがちです。そういうときこそ一度立ち止まって足元を固めることです。屋台骨がしっかりしていないと、どれだけ魅力的で革新的な改革をしても「砂上の楼閣」になってしまいかねません。

「顧客満足は二種類ある」と言われます。一つは、すでに顕在化している要求（needs）に応えること。もう一つは、顧客自身がまだ感じていない潜在的な要求（wants）に応えることです。

確かに、これまでにないサービスや製品で新しい経験を提供することができれば、それは

「wants」であり、顧客は感動するでしょう。しかし、現在のサービスや製品などをきちんと提供して顧客の「needs」を満たすことも重要です。未来のことばかり考えて、現在をおろそかにしてはいけません。

戦略・方針・計画を管理するヒント⑤

三つのアプローチで人を動かす

組織における管理者にとって最も大きな仕事の一つは、経営計画に基づいた成果を出すために部下や外注先企業など、自分以外の人にも動いてもらうことです。これを行うには、自部門の運営方針や約束事などを「見える化」するのがポイントです。部門長（リーダー）としてこの部門をどうしたいか、そのために何を企画し実行していきたいか、そのためには部下や外注先企業などの協力がぜひとも必要になるということを発信していくことが重要です。

そのうえで人に動いてもらうわけですが、人に動いてもらう方法は三つしかありません。

・相手が自分自身で感じるまで待つ
・相手が自分で感じられるようにセットする
・組織の指揮命令系統を使って強制する

最初はやはり、「相手が自分自身で感じるまで待つ」をお勧めします。勘のよい人なら、部門全体の目的や方向性がきちんと示されていさえすれば、やるべきことをどんどんやってしまうことがあります。また、自主性に任せる方が人は育つものです。

しかし、このようなケースは稀ですし、部門を構成する部員や課員全員がこのように誤りなく推進していけるとは限りません。リカバリーできる段階で進捗状況などをきちんとチェックし、大きなトラブルを防ぐようにしないといけません。

チェックしたときに何か問題が見つかった場合は、二つめの「相手が自分で感じられるようにセットする」という姿勢で臨みます。これには企画書や報告書などのフォーマット、ミーティングやOJTなどを活用します。

例えば、「このフォーマットを使って企画してみたらどうだろうか」「私はこうやって上手くいったよ」などと指導すれば、少しずつでも成功体験を積み重ね、部下や協力者を成長に導くことができます。

一回でできなければ二回、三回と繰り返せばよいだけのこと。与えられたヒントを自分なりに応用できる人の方が、後々大きく伸びることは少なくありません。

そこまでやっても成果を出せない、考え方や行動を変えられないという人には、三つめの「組織の指揮命令系統を使って強制する」ことが必要になるかもしれません。

これは「指示」であると同時に「強制」でもあります。その仕事に向いていないのであればローテーションで環境を変えるというのも一つの方法でしょう。ただしこれは、止むを得ない、最終手段と考えるべきです。人にはいろいろな能力がありますから、部門長は部下を一面的にとらえるのではなく、さまざまな可能性を見るように心がけるべきです。それが部門全体、会社全体の力を高めることにつながります。

管理者であれば、どこまでも諦めることなく、自分が目指す方向性や目標を「見える化」し、あらゆる方法で「人を動かす」ことに取り組んでもらいたいものです。

戦略・方針・計画を管理するヒント⑥

ときに部下に代わってさばいてやる

管理者にとって最も重要な仕事は「ＰＤＣＡサイクルを回すこと」と述べてきました。

管理者は経営計画に基づいた部門全体の目標を設定し、部下に目標を与え、それを達成するための施策の進捗度をチェックし、問題があればサポートしたり改善を指導したりします。自らが目標達成に向けて動くというよりは、部下たちに動いてもらうことが多くなるのは当然のこと。目標に向けて部下たちを引っ張る力も必要ですし、目配りや気配りも欠かせません。

そんな管理者の仕事を具体的に見ていくと、まず管理者として課せられた部門全体の目標をどのように達成するか、そのシナリオをつくらなければなりません。そのうえで目標を達成するために、「人・モノ・金・情報・場」といった経営資源を最も有効に活用する組み合わせを考えます。しかし、どんなに慎重にシナリオを描いたとしても、仕事にはトラブルがつきものです。シナリオ通りに進むことは滅多にありません。それらを予知して処置（予防を含む）する能力も不可欠です。

その仕事とは、一言で言えば、部下が働きやすくなるような環境を整えることです。料理でいうなら、食材の調達や下ごしらえです。

部下が伸び伸びと責任感を持って仕事ができるような環境を整え、セットしてあげられる能力がなければ、管理者には向いていない、と私は思います。

では、管理者として「下ごしらえ能力」を高めるには、何を心がけるべきでしょうか。それは、仕事に対する思想を持つこと、目標達成への情熱を持つこと、戦略形成能力・企画能力・調整能力を高めること、この三つの能力によって高まっていきます。

仕事に対する思想において、私が大切にしているのは、「一人ひとりの成長が会社の成長につながり、会社の成長が社会の発展に確かに貢献していると実感できる会社」にすることです。

次に目標達成への情熱においては、ＰＤＣＡサイクルをしっかり回しながら、インタンジブルアセット（金額に換算できない無形資産）を積み上げる努力を大切にすること。そして戦略形成能力・企画能力・調整能力などの能力向上には、セミナーなどの勉強に加え、チャレンジの「場」が不可欠であると考えます。

ぜひともこの「仕事に対する思想」「目的達成への情熱」「戦略形成能力・企画能力・調整能力」の三点セットをしっかりと意識し、部下のために環境を整え、セットしてあげられる能力を発揮してもらいたいと思います。

第五章

摂理に基づいて権限と責任の一致にこだわる

権限と責任のセットがモチベーションをアップさせる

経営者には経営理念やビジョンに基づいて会社の方針などを決めるという「権限」と、ステークホルダー（顧客や株主）の満足を追求しつつ、利益を上げて継続的に企業価値を高めていくという「責任」があります。この権限と責任があってこそ、経営者は正しい経営を行うことができるのです。

ところが現実の会社では、「部門の経営者」である部長や課長などのリーダーには、権限はないが、責任だけはあるというケースが少なくありません。

権限を与えず、リスクを負わせ、失敗したら責任を追及する。これでは働く人のモチベーションが上がるはずがありません。

では、どうすればモチベーションが上がるのか。会社の経営者はここをよくよく考えなくてはなりません。

結論的にいえば、私は権限と責任はセットで与えるべきだと思っています。売上目標の必達という責任を与えるなら、それを実現するため権限を与えるということです。

例えば、売上一二億円の目標を与えたとします。一〇億円なら現在の人員で十分だが、売上一二億円を目指すなら、あと五人増員してほしいというように、目標達成の条件を付加できる権限を与えるのです。

このように権限と責任をセットで与えることで、経営者は現場に対して目配りするチャンスが増え、部や課への心配りや配慮を行うことができるようになります。同時に、目標達成を目指す現場の人たちも「条件を受け入れてくれたのだから」と、仕事に対する真剣さが増すでしょう。

このように「権限と責任をセットで与える」ことで、会社内のコミュニケーションはより円滑になり、お互いに知恵を出し合って仕事を進めるムードも生まれてきます。

この章では、リーダーとして留意すべき権限と責任を一致させるためのヒントについて紹介していきます。

権限と責任を一致させるヒント①

ベクトルの決定と共有を行なう

会社におけるほとんどすべての仕事は、部、課など、チームでの共同作業です。したがって、日々の仕事はもちろん、特に何か新たなプロジェクトをスタートするときなどは、最初に全員のベクトルを合わせることが重要です。

この場合のベクトルとは、次の八項目です。

・背景と経緯
・狙いと目的
・現状の姿とあるべき姿
・課題
・課題への対応方針
・アウトプットすべき内容
・インプットすべき経営資源と納期
・プロジェクトの推進スケジュール

なぜこのプロジェクトを動かすのか。このプロジェクトの遂行を通して何を実現するのか。このプロジェクトを完遂すれば、現状から何がどう変わるのか。そのためにクリアすべき課題は何か。どうやってクリアするのか。精度優先でいくのか納期優先でいくのか。最終的にどのような形でアウトプットするのか。一人ひとりはどのような役割分担で進めるのか。まず、こうしたことを決め、プロジェクト関係者全員が共有し、理解しておく必要があります。

すべてを詳細に決める必要はありませんが、大枠でもよいので、これらを決めておかないと力が分散してしまい、生産性は高まりません。

リーダーは、まずはこの「ベクトル合わせ」をしっかりと行うことが重要です。

権限と責任を一致させるヒント②

言葉の定義を明確にする

ベクトルを合わせる際の大きなポイントの一つは、「言葉の定義」です。

仕事には上司・部下・同僚・顧客・取引先など多くの人たちが関わり、協力して共通の目的の達成に向けて働きます。しかし、同じ仕事をしているからといって、また同じものを見ているからといって、全員が同じように理解し、同じように考えているとは限りません。大切なのは、あらかじめ一つひとつの「言葉」が全員に同じ意味で伝わり、同じように理解できるようにしておくことです。

デンソー時代にある会議に出席したときのことです。私はアメリカ赴任からの帰国直後でした。日本企業のグローバル化が注目を集め始めた頃だったので、海外経験に基づく意見を求められました。そのときに私は「国際化について話をするということは、経営そのものについて話をすることだ」と述べました。すると、「今日は経営の話じゃない」と怒鳴られてしまったのです。

私は「国際化」とは「国境を越えて人・モノ・金・情報が行き交うこと」であり、真の意味で国際化を実現するということは、経営全般に大きく関わると考えていました。ところが、私を怒鳴りつけた会議主催者にとっては、「国際化」と「経営」は全く別のものだったのでしょう。

このようなギャップの中で「国際化」について議論をしても平行線をたどるだけで、建設的な答えが導き出せるとは思えません。会議を行う前に、「国際化とは何か？」「経営とは何か？」についてきちんと定義して共有しておく必要があったのです。

私たちは同じ人間ですから、ある程度のことは共有できます。それが日本人同士なら、共有度はさらに深いでしょう。しかし、一〇人のチームで仕事をするなら、一〇人とも違う考えを持っていると考えるべきです。逆に言えば、それぞれに異なった考え方や感じ方を持っているからこそ、議論が深まる。そこから得られた結論も、しっかり言葉を定義して、全員が誤解なく理解できるようにしておく。まず言葉の定義をすることから始めるべきと考えます。

権限と責任を一致させるヒント③

「内外区分」をきちんと分ける

会社が継続的に成長・発展していくためには、経営理念やビジョンに基づいて計画を立て、それを従業員一人ひとりの行動へとブレイクダウンして目標達成を目指さなくてはなりません。そのために、リーダーは「人・モノ・金・情報・場」といった経営資源を適切に配置していく必要があります。

当然のことながら、社内でできることもあれば、社外から英知を集めることもあります。こう考えると、リーダーがやるべきことの一つは、まず社内において、社員の誰がどのような能力を持っているのか、あるいはハード面ソフト面を問わず、外部のどの企業に協力してもらえば目標達成や新たな価値創造につながるのかということを見極めることです。

一つの仕事を顧客が評価する場合、それがその会社一社だけの力によるものなのか、社外の協力を得ての成果なのか、それは関係ありません。顧客の関心は、手元に満足できる製品やサービスが提供されているかどうかです。

つまり、顧客から高い評価を得られる仕事をするには、「どの仕事を」「どこで」「誰がやるのか」という見当が必要になります。目標が社内のスタッフだけで達成可能ならば、あえて外部の協力を乞う必要はありませんが、それだけでは頼りない、あるいは不可能と判断したときは、外部の力を取り入れることです。

その際「内外区分」を決定しなければなりません。どのような仕事を社内で行い、どのような仕事を社外のスタッフにお願いするのかという仕事の分担です。

その場合、やるべき仕事を「四象限」で考えるのがベストです。縦軸に会社にとっての重要度（コアコンピタンス度）、横軸には自社社員なのか外部スタッフなのかという、主担当となる人の属性を入れます。そして、「内内」「内外」「外内」「外外」という四つの領域に分けるわけです。

私の経験では、「内内」は研究開発など、社内の人間がやるべき付加価値の高い重要な仕事。「内外」は社内でやっているけれども、必ずしも社内でやる必要のない仕事。「外内」は外部で開発されたオープンテクノロジーのようなものを効率的に活用する仕事。「外外」は誰がやってもいい仕事で、コストなどを基準にどこからでも調達できるような仕事。このように分けて考えると内外区分を正しくできるようになります。

振り分ける仕事は、どれも目標達成に向けてやるべき仕事であることは改めていうまでもなく、一つひとつの仕事をそれぞれの領域に割り振っていくのです。

四象限による仕事の分類も、「見える化」の一環なので、一つひとつの仕事のあり方について客観的かつ戦略的に考えられるようになります。

分類の際に重要なのは、どうすれば最も顧客のためになるのか、あるいは競争優位性を保てるのか、経営理念・方針やビジョンといった哲学に合致するのか、という点です。

これまで日本の製造業における研究開発は、すべてを内製あるいは系列化してものをつくることで製品の付加価値を高めてきました。しかし、技術の高度化、製品の開発サイクルの短期化、グローバルな競争の激化など、社会の環境が大きく変化しつつあります。そんな中、すべてを内製するのではなく、外部の技術を上手く使って短期間で安く製品化すること、いわば「外内」を上手く活用することが求められています。まさに「内外区分」は経営の要諦の時代なのです。

権限と責任を一致させるヒント④

「何が正しいか」を周知徹底する

会社が継続的に成長、発展するためには、一人ひとりの従業員が「この会社にとって何が正しいか」ということをきちんと理解し、行動する必要があります。しかし、頭の中で考えていること、あるいは理解度が異なるのが人間です。その人間をどうすれば同じ方向へ向けて動かすことができるのか。その一つの方法として効果が期待できるのは、人事考課です。

人事考課は仕事に対するモチベーションに直結しますから、その処遇は制度に基づいて適正に行われなければなりません。しかし一方で、経営者として常に意識しておかなければならないことがあります。それは、人事考課に基づく処遇を「誰がどう感じるか」ということです。

例えば、ある処遇を「栄転」と感じるか「左遷」と感じるかは、その処遇を受けた人やその周りの人たちが「感じること」です。つまり、「変革を推進した人」を厚遇し、逆に変革に否定的だったり、抵抗したりする人を冷遇すれば「会社にとって何が正しいのか」は一目瞭然です。

このような評価を周知させると、「変革を推進することが正しいことなのだ」というムード、雰囲気が醸成されます。それによって、「自分も変革を推進したい」と手を挙げる人が増え、変革が加速されていくのです。

人間というのは慣れ親しんだ環境を好むもので、大きな変化を嫌います。慣れているというだけではなく、いわゆる既得権益を失ってしまうことに対する抵抗もあるかもしれません。つまり、変革や改革に挑戦しようとすれば、必ず「今のままでよい」という人が現れるのです。そんなときには、どこか一つの部署をサンプルとして、思い切って変革志向の人を抜擢し、権限を移譲し、責任を与え、変革を先行させることです。そのサンプル部署での変革の進捗と成果を示すことで、それが具体例となり、組織全体を大きく変革の方向へと動かす雰囲気が醸成されます。

「人材がいない」は人材探しの努力不足と考える

経営者と面談し、よく聞かされるのは、「求める人材、必要な人材が社内にいない」という話です。しかし、本当に人材は社内にいないのでしょうか。

変革が必要なときに変革型の人材が見つからないといっても、ひょっとすると、そういう人材はいるのに、たんに声を出したり手を挙げ渋っているだけかもしれません。

人材不足を嘆く前に、まずは経営者自身が人事面での処遇などを通じて「必要な人材はこういう人材なのだ」ということを周知徹底させなければなりません。そうしてから、必要な人材に大きな権限と責任を与えることによって、社内の雰囲気は大きく変わるはずです。

「会社はトップの器量通りの会社になる」と言いますが、まさに至言です。経営者は、会社の成長や発展を目指すならまずは自分の器づくりを意識するべきだと思います。大きな器の中であれば人材は自由な発想ができ、新しい価値創造が可能になります。そして、さまざまなデータや情報を駆使して「会社にとって何が正しいのか」を意思決定することで、社内の雰囲気やムード、従業員一人ひとりのやる気は大きく変わります。その雰囲気やムードこそが、「あるべき姿」へと近づいていく推進力となるのです。

第六章

やり切る・積み上げる

経営にも細部へのこだわりが必要

「神は細部に宿る」という言葉があります。二〇世紀建築界のドイツの巨匠ミース・ファン・デル・ローエ氏のこの言葉は、物事が成就するかどうかは「細部へのこだわりの積み重ね」に左右されると指摘しています。

経営や管理においても、細部にこだわる気持ちがなければ成功は得られません。大きな方針を表現した言葉へのこだわり、部下一人ひとりの心の状態に対するこだわり、働く環境（事務用品、室温、照明など）へのこだわりが必要です。それはある意味「決めたことはやり切る」つまり完成度・納期遵守に対するこだわりにつながります。

もう一つ大切なことは、「積み上げる」ことです。

「時は流れる」と言う人がいますが、本当にそうでしょうか。私は「時は積み上がる」ものではないかと思います。過去の上に現在があり、現在の上に未来が積み上がっているイメージです。それはインフレーションからビックバンを経た宇宙の成り立ちを見てもそうですし、人類の歴史を見てもそう感じます。一人ひとりに与えられている時間は限りがありますが、一人ひとりの経験や知識を次の世代に伝承し、今日の社会が成り立っています。

経営においても同様で、経営理念や経営手法など無形の財産（インタンジブルアセット）を積み重ねてきた結果、現在があるわけです。もちろん、常にその中心には人間がいることはいうまでもありません。

「こだわり」を持つヒント①

使命感を持って生きる

人は何のために生まれ、何のために生きているのでしょうか。私たちは自分の意思で生まれてきたわけではありませんし、誰かが役割について教えてくれるわけではありませんが、私は、人は自分の幸福実現のために生きているのではないかと思います。

一口に幸福といっても、その内容、状態は人それぞれと思いますが、人間が幸福と感じるとき、次の三つの要素は共通しているのではないでしょうか。

一つめは、自分らしく生きていると感じているとき。二つめは、人の役に立っていると感じているとき。三つめは、限りある生命を超越した使命感を感じているとき。この三つです。

「自分らしく生きる」「他の人の役に立つ」とは、説明するまでもないと思いますが、最後の「限りある生命を超越した使命感を感じる」とは、簡単に言えば、自分の子孫たちのために何かを残すということです。

私たちは皆、人類という種の一個体に過ぎず、生きている時間には限りがあります。しかし、私たち一個体が死に存在しなくなったとしても、「種としての人類」は存在し続けます。こうした大きな視点に立って、種としての人類を存続させるためにできることを行う。例えば、これまでになかった技術を開発する。文章や映像で何かを記録することかもしれません。あるいは会社をつくり、経済活動を通して人と社会の幸福実現に貢献することかもしれません。

自分に与えられた能力を活かして、人類の子孫のためになることを行うこと、種としての人類を存続させることは、生命の本質です。その一翼を担っているのだと感得したとき、私たちは個人的な幸福感とは異なった、もっと大きな幸福感を感じるのではないでしょうか。

難しいことをいろいろと書きましたが、つまるところ「幸福」とは、端的にいうと「自分らしく、自分以外の人々のために、使命感を持って生きる」ということだと思います。

ぜひ自分の「強み」を見つけ、それを磨き、人の役に立つことを心がけ、子孫のために何が残せるかを意識してください。それが幸福に生きるということであり、最後の瞬間に悔いを残さないことにつながるはずです。

「こだわり」を持つヒント②

「着眼大局、着手小局」を心がける

将棋や囲碁の世界では、「着眼大局、着手小局」という言葉がよく使われます。これはもともと中国の思想家で、孔子の弟子である荀子の言葉で、「物事を大きな視点から見たうえで、目の前の小さなことから着手する」という意味です。

経営者の中にはこの言葉をいわゆる「座右の銘」としている人が少なくありません。なぜなら、この言葉は経営の本質を言いあてているからです。

経営においては、あらゆる物事を複数の視点から見ることが必要です。一つの視点だけで判断すると、本質を見誤る可能性があります。もちろん、複数の視点で見ても見落とすことはありますが、それでも一つよりは二つの視点で物を見る方が、誤った判断は少なくなり、より本質に迫ることができます。

しかし、複数の視点といっても、どういう視点を持てばよいのか。私がお勧めしたいのは、「空間」の視点と「時間」の視点です。そして、この空間視点と時間視点のそれぞれで「着眼大局、着手小局」を実践していく。そうすることによって、誤りは減り、正しい状況判断に近づくことができるようになると思います。

まず「空間」の視点ですが、具体的には会社全体を見つつ、その会社を取り巻くさまざまな周辺環境も注意して見るということです。

会社はある地域や国に属しており、その地政学的な影響から逃れられません。また、同じような製品やサービスを提供する同業他社の影響も受けるでしょう。もっと視点を広げれば、地球環境の影響だって受けているはずです。これがいわば空間視点で大局を見るということです。

一方、空間視点で小局に着手するとは、実際に仕事をやる人々と同じ目線を持ち、まずこの目線でなければ見えないことを把握することです。例えば、会社を構成している従業員にはそれぞれの人生があり、会社の利益を増やしたいという目標は同じでも、頭の中で考えていることはそれぞれ異なります。彼らが何を望み、どのようにすれば力を発揮してくれるのか。それが可能になるようにモチベーションアップにつながる仕事を与えたり、職場環境を整えたりすることです。

もう一つの時間視点の「着眼大局、着手小局」とは、長期的視点で物事を見通す目と、目の前の現象をしっかり見すえ、瞬時に本質を見抜いて、即座に物事を処理することのできる目を持たなければならないということです。

経営において大切なのは、例えば「明と暗」あるいは「インプットとアウトプット」など、対極的な二視点から見てバランスを取ることです。対極する二視点を持つことは、対象の真の姿をとらえることに非常に役立つはずです。

ここでもう一つ付け加えておくと、「考え方」にも「着眼大局、着手小局」と同じ二つのアプローチを持つべきだと思います。簡単に言うと、答えを出すための推論方法を二つ持つ、ということです。

例えば、「あるべき姿」を思い描いたとしても、それは私たち人間が生きている時空のどこにも存在していません。頭の中にしかない姿へ至るためのアプローチ方法も、頭の中にしかありません。そこで、演繹法と帰納法という、推論を導くための二つのロジックを活用するべきだと思うのです。

具体的には、一般論やルールに個別の事象を加えて結論へと導く演繹的なアプローチに加え、多くの個別の事象から一般的な結論へと導く帰納的なアプローチで考えるということです。それぞれの考え方を駆使することによって、答えのないものについて考えるときに、自分なりの結論へとたどり着きやすくなります。

「時間」と「空間」に関してそれぞれ二つの視点と、思考に関する二つのアプローチ。これらを駆使することが、物事の真の姿に迫ることにつながり、正しい意思決定を実現します。リーダーはぜひ、物事に相対するときには、この「着眼大局、着手小局」を実践するように心がけていただきたいと思います。

「こだわり」を持つヒント③

「なされるべきことを考える」を意識する

「マネジメントの父」といわれるP・F・ドラッカー氏は、『経営者の条件』（ダイヤモンド社）の中で、経営者として成果を挙げる八つの条件のうちの一つに「なされるべきことを考える」を挙げています。何をしたいかではなく、「なされるべきこと」というところがポイントです。

「なされるべきこと」は、「やりたいこと」の対極にあるものといえます。つまり、自分のやりたいことではなく、顧客の利益という視点を忘れずに、組織全体として何を実現するべきかを客観的に考えることが大切というわけです。

この「なされるべきこと」をやるためには、人の能力を見極めて正しい持ち場に就ける、いわゆる「人材の配置」が重要だと思います。経営者が「正しい意思決定」を行うためには、データ、情報、それを分析し議論する会議が必要ですが、それらは経営者一人で準備できるものではありません。部下がデータを集め、情報としてまとめ、メンバーが集まってさまざまな意見やアイデアを出し合う場があって、はじめて経営者は「なされるべきこと」という視点で「正しい意思決定」ができるからです。

私自身、これまでの仕事では、できるだけ論理的に考えて仕組みをつくり上げ、それを後進に残すことに力を注いできました。しかし、論理的に仕事を進めた半面、情の部分では、配慮に欠ける面があったのではないかという反省があります。

というのは、人間には「この人のためなら頑張ろう」という気持ちが仕事の原動力になることが少なくないからです。社員がそう考える組織のリーダーや上司には、いわゆる人望、人徳があるものです。明治維新の立役者の西郷隆盛など、この人望に秀でたリーダーの代表格でしょう。

こうして考えてみると、最終的に経営者が「なされるべきこと」をやり切るためには、人望、人徳といった情に訴える要素も大きく影響するのかもしれません。

とはいえ、こればかりは一朝一夕で身につくようなものではなく、生涯修業で毎日少しずつでも積み上げていかなくてはなりません。

人間誰でも得意なこともあれば不得意なこともあるでしょう。不得意な部分になるべく気をつけながら日々を精一杯に過ごす。そのうえで「やりたいこと」ではなく、「やるべきこと」について考え抜き、それをやり切りたいものだと思います。

「こだわり」を持つヒント④

エネルギーの凝縮と発散を意識する

テレビなどの討論番組を見ていると、特に大きな声を出すわけでもなく、はっきりとした声で話しているわけでもないのに、その人が話を始めると思わず耳を傾けてしまう。そういう人が、時々いるものです。

そのような人はきっと、身体の中にエネルギーがたくさん詰まっているのだろう、私はこんなふうに想像しています。

そのエネルギーとは何かというと、恐らく知識や経験であり、それらに基づく深い洞察ではないかと思います。そのようなエネルギーが体内に凝縮されて発露を求めているからこそ、私たちは自然と耳を傾けたくなるのではないでしょうか。

寺院の山門や仁王門などに安置されている金剛力士像、いわゆる仁王像は、仏教における守護神であり、口を開いた「阿形像《あぎょう》」と口を結んだ「吽形像《うんぎょう》」が対になっています。

「阿」は吸う息、「吽」は吐く息を意味していて、これがペアになっていることで寺院を護る力を発揮するとされています。人間が力を発揮するためにも、これと同じことが言えます。

言葉を発するためには、まず息を吸わなければなりません。息を吸うことでエネルギーを凝縮し、言葉を発するときに発散するのです。このようなエネルギーの凝縮と発散がペアになって、はじめて大きな力が発揮されるというわけです。

私は、仕事においても大きな力を発揮して成果につなげるためには、「エネルギーの凝縮と発散」が不可欠だと考えています。

特に経営者や管理者の立場にいるリーダーは、エネルギー、つまり知識や経験をたくさん蓄え、深く考えなくてはなりません。それら溜め込んだエネルギーを凝縮させて発散することによって、大きな成果へとつなげることができるのです。

私は、部下に対しては「自分の知識や実力が十分蓄積されているかを自問しよう。そして発言しよう」と指導するようにしています。勉強もせず、真剣に考えもせず、大声で自分の意見を通そうとしても、誰も耳を傾けてくれません。例え小さな声で発言したとしても、その裏側で発露を求めているエネルギーを感じられるような、もっと言えば「耳を傾けたくなるような人」になってもらいたいからです。

「こだわり」を持つヒント⑤

「役に立っているか」と問い続ける

仕事の中で自分が「こうありたい」「こういうことをしたい」という思いを実現するための近道は、自分が働いている部や課などの組織で「役に立つこと」です。

これは、実は私がデンソーで役員秘書をしていたときに、ある役員ＯＢから教えられた言葉です。私が三十代後半の頃のことでした。

その言葉の背景は失念してしまいましたが、自分の中で妙に引っかかったことを覚えています。以降、折に触れて自分なりにその意味について考えていました。その結果、「役に立つためには、三つの要件がある」ということに気づきました。

要件の一つめは、「相手が求めていることを正確に知る」こと。二つめは、「相手が求めていることを提供できる実力がある」こと。三つめは、「喜んでもらえるＴＰＯ（Time, Place, Occation）をわきまえる」ことです。

相手が求めていることはわかっていても、それを提供できる実力がなければ、役に立てません。また、求めていることもわかり、それを提供する実力があっても、場面が的確でなければ、受け入れてもらえないでしょう。

私が仕事で上手くいかなかったときや、失敗したときのことを振り返ってみると、この三つの要件のどれかが不足していたか、あるいは全く満たせていなかったことがわかりました。

例えば、商品開発でも営業でも生産管理でも、「人の役に立つことが大切」というのは同じです。人の役に立たなければ仕事にならないからです。ですから、部下を指導するときには、私も「大事なことは役に立つことだぞ」と伝えるようにしてきました。もちろん、「どうすれば役に立つのか」は、それぞれ自分で考えてもらうようにしていますが。

この三つの要件は、あくまで私なりの答えです。読者の皆さんには皆さんなりの答えがあると思います。しかし、仕事が上手くいかないときは、「人の役に立てていない」という可能性が高いということは間違いないと思います。そのときは「相手が求めていることを正確に理解できているか」「相手が求めていることを提供できる実力があるか」「喜んでもらえるＴＰＯをわきまえているか」という三点を見直してみることが、解決に役立つのではないかと思います。

「こだわり」を持つヒント⑥

「仕事は楽しむもの」と考える

曹洞宗の開祖である道元禅師の言葉に「三心」という言葉があります。禅寺では、坐禅だけではなく掃除など日常のすべてが修行だとされています。

食事を用意する修行僧を「典座」といいますが、道元禅師は修行の中でも、この典座こそ重要な役割であるとし、その心得を記した「典座教訓」で「その務めにあたるときは、喜心・老心・大心の三心が必要である」と説いています。

「喜心」とは「喜びを持ってこの職にあたること」であり、「老心」とは「父母の子どもに対する心を持ってこの職にあたること」、「大心」とは「高きこと山のごとく、広きこと海のごとく、一切偏りのない心を持つこと」としています。まさに修行僧の仕事に対する心構えといってよいでしょう。

私も「喜心・老心・大心の三心」に倣い、これまでの経験から自分なりの仕事に対する心構えとしての「三心」を考えました。それは、「チャレンジを楽しむ心」「労わりの心」「何とかなると思う大らかな心」という「三心」です。

まず、私にとっての仕事における「喜心」とは「チャレンジを楽しむ心」です。どんな仕事でも、多かれ少なかれ何らかの壁や困難が立ちはだかります。そこでリーダーがやるべきことは、壁を乗り越えた先にある、自分たちの「あるべき姿」をしっかりと見せて共有すること。メンバーたちがその姿をしっかりとイメージできれば、壁や困難は苦痛ではなく、むしろ楽しみになるでしょう。

次に「老心」は、他人を思いやる「労わりの心」です。誰かが脱落しそうになったら支えてあげる、お互いに声を掛け合ってゴールを目指すといったことです。

最後の「大心」は、仮に失敗したとしても、次にまたチャレンジすればよいという「大らかな心」です。失敗したところで、命まで取られるわけではありません。例え失敗したとしても、何とかなるものなのです。

私が考える「チャレンジする心」「労わりの心」「大らかな心」の「三心」は、「仕事を楽しむための心構え」と置き換えてもよいと思います。ギリギリまで追い詰めるのではなく、この「三心」で気楽に、楽しみながら仕事に臨むことで、かえって打開策が浮かぶこともあるでしょう。

明治から大正期に東京実業貯蔵銀行頭取などを歴任した実業家であり、思想家でもある中村天風氏は、「取り越し苦労は百害あって一利なし」という言葉を残しています。ネガティブなイメージからは明るい未来は描けません。まずはリーダー自身が明るく楽しい「あるべき姿」を描くことが大切です。

人間とは、現在やっている仕事の延長線上に明るく楽しい「あるべき姿」がイメージできていれば、何とかそれを実現しようと努力するものだと思います。リーダーたる者、「仕事を楽しむための心構え」として、この「三心」を持ってもらいたいと思います。

なぜ「やり切る」のか、なぜ「積み上げる」のか

かつてGEのCEOだったジャック・ウェルチ氏は、数十年前に日本企業が得意としていたQCの考え方を経営に反映、進化させた人物として知られています。経営不振に陥っていたGEの建て直しを図るべく、膨大な事業の中で市場シェアが一位あるいは二位のものは残し、それ以外はすべて撤退という大改革によって、見事にGEを建て直したのでした。

そのウェルチ氏が残した言葉に「ストレッチ」というものがあります。これは、人間が目標達成に向けて努力した結果として生まれる、想定以上の成果のことを意味しています。

つまり、人間の無限の可能性を引き出すには、目標はより高く設定することが必要で、かつそれをやり切ることが大切です。

常に一段階上の実現するのが困難な目標を達成するために「何をすべきか」を考えて行動することで、より大きな成果を実現する可能性が高まります。

また、仕事をやり切りながら、「人づくり」「仕組みづくり」など、次の仕事の基盤となるものを積み上げることも重要です。この基盤が仕事を遂行するうえで大きなサポートとなり、より高い目標設定やスムーズな仕事の実践を可能にしてくれるのです。

ここでは、高い目標を設定した仕事をやり切り、その仕事を力強く進めるのに必要な基盤を積み上げるヒントについて紹介していきます。

「やり切る・積み上げる」ヒント①

「原因」をつくらなければ「結果」は出ない

もし「面白おかしく生きて儲けたいのですが、どうすればよいでしょう」と問われたとしたら、私は「それはムリ」と答えます。

確かに、懸命に努力しても結果が出ないことがある一方、努力しなくても成功してしまうことがあります。私にもそういう経験がないわけではありません。しかしそれはあくまでも例外です。

仏教では「一切は、直接的要因（因）と間接的要因（縁）により生じる」と説いています。つまり「物事にはすべて原因と結果がある」ということです。これは、仕事においても全く同じです。

仕事ではとかく「結果」「成果」などが重視されがちですが、本来「結果」は「原因」があってこそ生まれるものです。ただ面白おかしく生きるだけで努力を怠り、お金持ちになりたい、成功したいと願っても叶うはずはありません。なぜなら、「原因」をつくらずに「結果」を求めているからです。

果実を手に入れたいのなら、種を蒔いて育てなければなりません。しかし、種を蒔いたからといって、きちんと果実を収穫できる保証はありません。天災や病気に見舞われて枯れてしまうかもしれませんし、収穫前に果実を動物に食べられてしまうかもしれません。かといって、失敗を恐れて種を蒔かなければ、果実を収穫できる可能性がないことはいうまでもありません。成功したいなら、成功に近づくためにできることをすべてやり切ったうえで天命を待つしかないのです。

私たちが「結果」を得たいなら、「原因」に注目するべきなのです。

「因果応報」という言葉は一つの「摂理」です。よいことをすればよい結果が生まれる。一方、悪いことをすれば悪い結果になります。これは人間の力でどうにかなるものではありません。よい結果、よい成果を手に入れたいのであれば、努力してよい原因をつくるようにすることです。

「やり切る・積み上げる」ヒント②

環境を「改善の対象」に変化させる

「問題点」と「課題」は似て非なるものです。

「問題点」とは、現状の姿に着目して「何が問題か」あるいは「改善すべきところはないか」などを考えた結果として出てくるもの。

一方「課題」とは、将来のあるべき姿に着目して「あるべき姿と現状の姿にどのようなギャップがあるのか」について考えた結果出てくるものです。

したがって、

・「問題点」ならば「解決する」ために「改善する」

・「課題」ならば「ギャップを埋める」ために「対応する」

となります。混同してしまいがちですが、「問題点への対応」あるいは「課題を改善する」という表現は正確ではありません。そして、表現だけではなく、それぞれを実践するために必要な能力も異なります。

具体的に、「問題点を改善する」のに必要な能力は、

①何が起こっているのかに気づく力
②現象をデータ化する力
③現象の原因を真因まで追求し、分析する力
④数ある改善案の中から最適な改善施策を選び出す力
⑤改善施策を実施可能な行動計画に展開する力

⑥ＰＤＣＡを適宜回しながら計画を実践する力
⑦実践内容を正確に反省（レビュー）し、次の行動に反映する力

「課題に対応する」のに必要な能力は、

①あるべき姿を、自らの想いと的確な環境分析から描く力
②あるべき姿を定量目標に変換する力
③あるべき姿との対比において、現状の姿がどうなっているかを定量的に分析する力
④あるべき姿と現状の姿のギャップをどのようにしたら埋めることができるかを考える力
⑤数ある対応施策案の中から最適な対応施策を選び出す力
⑥対応施策を実施可能な行動計画に展開する力
⑦ＰＤＣＡを適宜回しながら計画を実践する力
⑧実践内容を正確に反省（レビュー）し、次の行動に反映する力

となります。

「問題点を改善する」ために必要なのは、目の前の問題を改善する「改善提案力」であり、「即時行動力」です。一方の「課題に対応する」ために必要なのは、あるべき姿を描き、その姿と現状との間にあるギャップからの「課題形成力」であり、ギャップをなくす「施策立案力」「実行力」です。

つまり、「課題に対応する力」は、組織を使って人を動かして成果を挙げる、いわば経営力とでもいうべき力です。会社が成長していくうえで最も大切なのは、弛まぬ努力によって「与えられた環境」を「改善の対象」へと変化させていく（あるべき姿をレベルアップさせる）ことであり、一人ひとりが「課題に対応する力」を鍛えることこそが、その変化を実現することにつながります。

「やり切る・積み上げる」ヒント③

「二種類のムダ」を意識する

仕事においてムダはない方がよいに違いありません。しかし、漠然と「ムダをなくす」という目標を掲げても、それを実現できるはずがありません。「ムダ」の意味を理解し、何を改善すべきかを見極めなくては、決して「ムダ」はなくなりません。

ところで、私は仕事には二つの種類があると考えています。メーカーなどで「仕事」というと、日常の業務を指示通りに行うという意味での「オペレーション」と、顧客視点でよりよい成果を追求する「改善」の二つを指しますが、私は、仕事と同様、「ムダ」にも二つの種類があると考えます。一つは「組織のムダ」、もう一つは「顧客のムダ」です。

「組織のムダ」とは、組織で取り組む仕事の中に潜んでいるムダのことです。商品であれサービスであれ、製造プロセスや提供の方法が適切でないために発生してしまうムダです。

これは、仕事の流れを組み変えたり、仕事のやり方などを工夫することによって改善することができます。

一方「顧客のムダ」とは、顧客が必要としていない商品やサービスを製造、提供するムダのことです。これは、仕事のやり方などといったことではなく、もっと根本的な話になります。自分たちが提供している商品やサービスが本当に顧客の役に立っているのかということを、顧客視点で考える必要があるのです。

教育業界において、生徒一人ひとりが必要としている参考書は三冊なのに、よかれと思って五冊を提供しているとします。一見三冊より五冊の方が親切でも、生徒一人ひとりにとって効率のよい勉強のために必要な参考書は三冊がベストならば、二冊はムダということになります。

仮に「組織のムダ」がないほど生産性の高い仕事をしていたとしても、自分たちが提供している商品やサービスが本当に顧客の役に立っているのか、ということを考えなくては、本当の意味での「ムダ」は見えてきません。

まず、「ムダには二種類ある」ということを意識することで、本当の意味での「ムダ」をなくすための改善を続けることができる組織へと生まれ変わることができるのです。

「やり切る・積み上げる」ヒント④

緊急対応では「ストック」を意識する

仕事には日常業務としての「オペレーション」と、「改善」があります。日々のオペレーションも大切ですが、業務の効率化やコスト削減など、改善を重ねることで会社は成長を続けることができます。そういう意味では改善こそが本腰を入れて臨むべき仕事ということができます。

とはいえ、実務においてはオペレーションにおける「円滑な流れ」を最優先すべきケースも少なくありません。これはいわば「フローの仕事」とでもいうべきものです。

例えば、イレギュラーなトラブル対応など、多くは「対応」という言葉がつく業務で、発生してからじっくりと改善に取り組むほどの時間的猶予などない仕事です。

こういう仕事の場合、管理者は何をさておいてもまずはスピード重視で手遅れにならないことを最優先に考えなくてはなりません。しかし、その場合もただ「時間優先で対応」するだけではもったいない。そういうときにこそ「ストック」を意識してほしいと思います。「ストック」とは一般的には「財産」を指しますが、私が意識してほしいのは次の三点です。

・フローの仕事を体系化し、緊急事態のベストな対応を「見える化（マニュアル化）」する

・日常的に何を整備しておくかを考え、業務基盤（業務システム）を強化しておく

・その業務のプロとして、業務基盤の強化や緊急対応に的確に行動できる人材を育成する

要するに、「時間優先」で「対応」しなければならないときほど、その後に「マニュアル」「業務システム」「人材育成」につなげられるように意識する、ということです。

なぜならこの三つは、会社の永続的発展を支える大変重要な「ストック」であり、「企業価値を左右し、企業の強さの源泉となるお金に換算できない資産」を意味する「インタンジブルアセット」だからです。

仕事にはトラブルがつきものであり、極言すれば、仕事とは次々に発生する異常を正常に戻し続けることともいえます。トヨタやデンソーでは「困らない状況が非常に困った状況と考える」とされています。つまり、「ピンチこそがチャンス」というわけです。「時間優先」で「対応」する仕事のときにまずやるべき対応をしっかりやったうえで「マニュアル」「業務システム」「人材育成」を即実践することによって、次の「改善」へとつながる芽をつくっておくべきなのです。

一見逆説のようですが、「とにかく大きなトラブルにならないように緊急で対応する」といった仕事こそ「ストック」を意識する。それが「改善」につながり、一人ひとりの仕事や企業全体のレベルアップにつながるからです。

「やり切る・積み上げる」ヒント⑤

書類の「型」を身につけて生産性を高める

労働とは、人間が自身の行為によって価値ある対象を形成することを指します。価値ある対象とは、製造業なら「モノ」となりますし、サービス業なら「サービス」となるなど、職業によって異なります。

製造業において、「モノ」を製造するためには、設計、製造、検査をそれぞれ別の人たちがしっかりと行います。しかしその結果、顧客が手にした「モノ」が何千、何万のうちの一つであったとしても、それが不良品であれば、その顧客にとっては「その会社のモノは一〇〇%不良品」ということになってしまいます。こういうことがあるので、「一つくらい、このくらいでいいだろう」という態度は許されません。一〇〇%良品でなければならないのです。

一方、サービス業における「サービス」は画一的なものではありません。顧客が満足すれば良品となり、不満を感じれば不良品となります。顧客によって求めるサービスは異なるため、相対的ではありますが目指すのは顧客の満足です。そのため、教育や訓練でサービスの質の維持、向上に努めるわけです。

では、管理・間接部門に従事して現場を支えるホワイトカラーが提供する価値とは何でしょうか。

日本は先進諸国の中でも、特にホワイトカラーの生産性が低いといわれます。ホワイトカラーの生産性を高めるためには、意思決定を早くして効率を高め、なるべく早くやるべきことを実施し目標を達成する必要があります。そのためのカギとなるのは、企画書、案内書、報告書など、書類の質です。相手が求めていることを正しく理解し、やるべきことを明確にし、それがきちんと伝わるようにまとめることが、ホワイトカラーの生産性向上につながるのです。

書類を作成するということは、誰かに読まれることを前提としています。作成された書類は、通常多くの人に配布されたりメールで送信されたりして、多くの人に読まれます。それを読んだ人に意味が伝わらなければ意味がありません。

逆に、書類の質が高ければ、読んだ人は短時間で正確に理解できるので、スムーズな行動につながります。人がスムーズに動けば、組織の動きも円滑になります。書類の作成においては、「製造業におけるモノづくり」や、「サービス業が提供するサービス」のように、書類は自らが提供する「商品」であると思い、客観的にチェックし、質を向上させて一〇〇%良品の「書類作成」を目指すべきです。

誤字や脱字、意味不明な文章、タイトルや差出人、日付などが書いてない書類は不良品です。書類作成に完璧を目指さない人は、「書類はただの伝達ツール」と考えていて、「商品」だとは認識していないのでしょう。これではいけません。

書類の質を高めるには、正しい書類の「型」を覚えることです。伝えたいことを正確に伝えるためにどうすればよいのか、伝えるべきことを効率的に伝えるためにはどうすればよいのか。こうした基本を身につけることが大切です。

書類もモノと同じように、設計（構想）・製造（作成）・検査をしっかり行うようにすることが大切です。プロ意識を持ち、書類の目的や種類をよく考えて書類を作成するように心がけましょう。型を身につけるまでは、この三つのプロセスを一人で行うのではなく、同僚や上司にチェックしてもらうなどして、ミスや思い込みを防止する工夫が必要です。

「やり切る・積み上げる」ヒント⑥

プレゼンのゴールは本番の先に設定する

プレゼンテーションを行うためには、入念な準備が必要です。与えられた時間内に何を凝縮して伝えるかを熟慮し、資料を基に何度も何度もリハーサルを繰り返します。どうすれば人に伝わるか、声の大きさやスピードなど話し方はこれでよいか、自ら知恵を絞るのはもちろん、上司や同僚に聞き手になってもらい、アドバイスを求めます。

私もプレゼンテーションでは、多くの人に指導を仰ぎましたが、その中で、ある人が言った言葉が、今も忘れられません。それは、

「本番五分前までこだわりなさい」

というものでした。

一生懸命に資料の準備をし、リハーサルを何度も繰り返していると、本番直前にはすでに燃え尽きていて、「さあこれからだ」という思いよりも「もうすぐ楽になる」という思いの方が強くなっていることも少なくありませんでした。そんな私の心境を見透かしたように、その人は「本番五分前までこだわりなさい。その五分間までのギリギリの努力で成長できる！」とアドバイスしてくれたのです。

ゴールはもう目の前にあるのですから、「もう十分だろう」という気になりがちです。しかし、「一〇〇メートルを全力で走り切るためには、一一〇メートルを全力疾走しなければダメだ」と言います。

プレゼンテーションも本番をゴールと考えるのではなく、その後のことまで考えて準備しながら本番に臨むことをお勧めします。そうすると、自分の気持ちはプレゼンテーションが終わった先にあるので、かえって冷静に本番を迎えることができ、その場の雰囲気や流れを上手くコントロールできるようになるのです。

プレゼンテーションを行うときには、その後（例えばプレゼンテーションに掲げた内容をいかに実践するか）を意識して全力で走り抜ける。きっと、プレゼンテーションの結果が大きく変わると思います。

「やり切る・積み上げる」ヒント⑦
会議は議事録を作成して完成する

最近はテレビ会議なども増えつつありますが、会議とは「一緒に仕事をする人たちが」「一堂に会して」「正しい結論を導き出す」ための場です。

お互い忙しい中、せっかく時間を使うのですから、内容の充実した会議にしたいと考えるのは自然なこと。では、充実した会議というのはどういうものでしょうか。

会議には議題に関わらず三つのステップがあります。最初のステップは「報告・共有」です。まず、正確な情報を報告し合い、共有することが大切です。

次のステップは「審議」です。昔から「文殊の知恵」という言葉がある通り、人が集うところに知恵が生まれます。会議の出席者は知識も経験も異なります。だからこそ、さまざまな意見やアイデアが生まれます。参加者がそれぞれの意見を自由にやり取りし、「知恵出し」「調整」「確認」

をすることが大切です。

その際に気を配るべきは声の小さい人の意見にも耳を傾けることです。出席者の中には、ときとして声高に自論を展開する人がいるものです。声が大きいと、何となくその意見に同調する雰囲気が会議室に漂い、異論を唱えにくくなることがあります。

しかし、声が大きいからといって、その意見が正しいとは限りません。会議に参加するメンバー、特に議長はその点を理解し、口下手な人間や少数派の中にも価値ある意見があるかもしれないということを心に留めて、議事を進行する必要があります。

そして、最後のステップは「決議」です。議題や目的に合わせてなるべく多くの意見を出してもらい、その中から議長が責任を持って選び、結論を出すようにしましょう。

この三つのステップがきちんとできている会議は、内容の濃い、充実したものとなりますが、それだけでは会議を「やり切った」ことにはなりません。

会議をやり切るために必須なのが「議事録」です。会議が終わったらすぐにその場で導き出された結論とそこに至るまでのプロセスについて議事録をつくり、全員で共有することが重要です。

その際「誰がどのような発言をしたのか」といったことは特に問題ではなく、大事なのは会議によって導き出された「結論」です。

日付と参加メンバー、導き出された結論、そこから「誰がいつまでに何をやる」という、いわゆる「5W1H」を記録して共有することが重要なのです。議事録をつくることによって、時間と労力を使って導き出された結論は、一人ひとりの次のアクションへとつながり、それが企業の次の一手、ひいては未来の業績に大きく関わってくるのです。

「やり切る・積み上げる」ヒント⑧

決定事項や約束は書面にして共有化する

一つひとつ確認しなくてもいいだろう、わざわざ言わなくてもわかるだろう、文章にしなくても約束は守ってくれるだろう……。こうした「～だろう」で仕事をすることが少なくありません。同じ職場ならなおさらでしょう。

特に単一民族単一言語の日本には「以心伝心」「阿吽の呼吸」という言葉があるように、二人以上で一緒に何かをするとき、何となく気持ちが通じたり、考えが理解できるものです。

しかし、仕事においては「以心伝心」や「阿吽の呼吸」をあてにしてはいけません。伝達事項や確認事項などは、すべて書面にして残すべきだと思います。

なぜなら、仕事とは多くの人たちが関わるものであり、一人ひとり考えていることは異なるからです。例え最初は小さな誤解や思い込みであったとしても、それが後々大きな差異になってしまうことも少なくありません。だからといってそれを「誰の責任か」と犯人探しをしたところで意味はないのです。むしろ、そのようなトラブルを避けるために、前もって何をしておくかを考えるべきです。

例えば、相手がはじめて一緒に仕事をする場合、自分から見て遠い存在であれば、警戒して後々もめないように書面を残そうとします。それは相手に対する信頼が確立していないからです。しかし、自分から見て近い存在であれば警戒をしていませんから、口約束だけになってしまいがちです。大切なのは、同じ会社の仲間といった近い関係だからこそ、後々トラブルにならないように書面を残すことです。

「いつまでに」「どれだけ」など、期日や金額、数量などの数字は、時間が経つと曖昧になってしまいがちです。だからこそ、ちょっとしたミーティングでもその内容や結果をメモにしておき、メールを送って共有しておくといった習慣が非常に大切になるのです。

決めたことや約束などをすべて書面にして残すとなると、手間がかかって非生産的だと感じられるかもしれません。しかし、そんなことはありません。すべてを正式な書面にする必要はなく、メールでよいのです。一度トラブルが起こってしまうと元に戻すのは大変な手間と時間が必要です。書面やメールにしておくことで、お互いに腹を探り合うことなく、正確な情報を共有できます。問題が起こらないように証拠を残しておくことが、結果的に仕事のスピードアップにつながることも少なくないのです。

数年後のように、比較的遠い将来の目標達成を目指して一緒に仕事をしている場合に限って、現在をおろそかにしてしまいがちです。遠くの目標に向かって突き進む推進力と同じくらい、足元の状況をしっかりと書面やメールにして残し、共有するように心がけてください。日々のちょっとした心がけで、思わぬことで足元をすくわれるような事態を避けることができます。

第七章

経営と現場はRespectとLinkの関係にする

経営者と現場が一体化してこそ会社は強くなる

私は、経営者は方針の管理のみを行い、現場は経営者が策定した方針に沿って業務を行うというのでは、経営が一体化しているとはいえないと考えています。経営において重要なのは、経営者は現場の社員たちを、現場は経営者を、お互いにその役割を認めリスペクトし合うことです。なぜなら、そうすることで経営者と現場はつながり一体化され、大きな組織として力強いパフォーマンスが可能になるからです。

また、経営者と現場の一体化によって、真の顧客視点が生まれます。顧客に一番近いところにいる現場が顧客のニーズを吸い上げ、経営者にフィードバックするからです。これを実現するためにも、経営者と現場が常日頃からお互いの立場を尊重しつつ日々の仕事に取り組む必要があります。

このように、経営者も現場も会社を存続させ、成長を実現するうえでの役割を分担しているに過ぎない、という意識で自らの業務にあたっているかどうかはたいへん重要な問題なのです。経営者と現場がどのような関係であれば「人づくり」や「方針管理」がスムーズに行えるのか。ここでは若いリーダーが将来会社経営に携わる日を迎えたときのために、特に経営者と現場の一体化について考えます。

「戦略の現場化」と「現場の戦略化」を並行して行う

ベトナム戦争において、当時アメリカの国防長官だったロバート・S・マクナマラ氏は、戦略策定を含む指揮全般を担っていました。結果的には、米兵だけで五万八、〇〇〇人もの命を失い、巨額の戦費支出、経済的な停滞など、大きな犠牲を払うことになりましたが、彼は『マクナマラ回顧録――ベトナムの悲劇と教訓』（共同通信社）の中で、その失敗の原因について、次のように述べています。

「アメリカは、判断と能力による過ちに加え『無知』による過ちが深刻な失敗を引き起こしました。具体的には、相手方（北ベトナム、ベトコン、中国、ソ連）の地政学的意図の判断を誤ったこと、ナショナリズムの力を過小評価したこと、そして、地域に住む人たちの、歴史、文化、政治、さらには指導者たちの人柄や習慣についての深刻な無知などが挙げられます」

この敗因を端的に表現すれば、「戦略の現場化」と「現場の戦略化」が徹底されていなかったと言い換えることができます。要するに、現場を知らずに戦略を立てた結果、アメリカはベトナム戦争で敗北を喫したのです。

これは経営も同じことで、現場を知らずに指揮を執れば必ず経営は行き詰ります。それほど「戦略の現場化」と「現場の戦略化」は重要なものなのです。

「戦略の現場化」とはいわゆるトップダウンのことで、「方針管理」を従業員一人ひとりにまでしっかりと徹底することです。でき上がった戦略を切れ目なく展開し、戦略に合致した行動を一人ひとりが行うよう組織的に徹底することを意味します。

一方「現場の戦略化」とは、いわゆるボトムアップのことで、「現場の情報・知恵を戦略に反映すること」です。戦略を立てる指揮官と現場の従業員が一体となってはじめて会社は目標に向かって前進します。そのためには、お互いに相手の意見やアイデアを尊重し合う意識が欠かせません。

経営者は、戦略策定のため現場へ足を運び、現場の状況をよく見て情報を集める必要があり、特に製造業の経営者が現場へ足を運ぶ契機となるのは、トヨタなどで行われている、いわゆる「自主研」です。

現場の人たちが自主的に改善に取り組む自主研を推進することによって、現場には状況を判断して自ら改善する気運が生まれ、経営者はよい取り組みを評価したり指導するという名目で現場を見に行く機会を持つことができます。

このように経営者と現場がよいコミュニケーションを取ると、経営者も現場もお互いを尊重する方向へと向かいます。そこにはよい企業風土（社風）が醸成され、現場に適合した戦略の立案や実行が容易に展開されていきます。

人の上に立つには一生懸命さと優しさが必要

会社で働いている人の多くは、人の上に立ち、より多くの人、大きな組織を動かして大きな成果を手にしたいと願うものです。

それには自分自身の成長が必要ですが、中には人の上に立つことによって持てる能力を遺憾なく発揮し、大きく成長を遂げる人がいます。いわゆる「立場が人をつくる」ケースです。こうしたことはよくあることなので、経営者には人物を見極める能力が不可欠です。

しかし、何でもかんでも出世させればよい、ポストに就かせればよいというわけではありません。プレーヤーとしてはよい仕事をするのに、マネジメントはからきしダメという人もいるからです。

不幸なのは、上司にゴマをすったりして出世の階段を昇り、実力がないのに人の上に立ち、人を導かなくてはならなくなってしまった人です。私はそういう人を数多く見てきました。人にはそれぞれ「器」があるとつくづく感じてしまうのです。

人の上に立つには、それなりの「器」が必要です。人が一緒に仕事をしたいと感じるような、人を引っ張っていく強さ、いわゆるリーダーシップも必要な「器」の一つですが、私は、上に立つ者の「器」の大きさはその人の「優しさ」で決まる、と考えています。

アメリカのハードボイルド小説の大家レイモンド・チャンドラーは、主人公の私立探偵フィリップ・マーロウにこんなセリフを語らせています。

If I wasn't hard, I wouldn't be alive. If I couldn't ever be gentle, I wouldn't deserve to be alive.（一生懸命でなければ生きていけない。優しくなれなかったら生きている資格がない）

フィリップ・マーロウは一匹狼なので、こうして自分を律しています。会社のトップである経営者はもちろん、取締役、部長、課長など部下を持つ人は誰でも、同じように「一生懸命」と「優しさ」が必須だと心得て、自分自身を律してもらいたいと思います。この二つがあってはじめて人の上に立つべき「器の大きな人」になれるのです。

会社では、ほとんどの人が今よりも権限を行使できる強い立場（昇進）を求めて努力します。それは「強い立場にいなければ組織において生きられない（生き難い）」からです。

しかし、強い立場になったからといって、横暴になってよいというわけではありません。努力して強い立場が得られたら、そのときこそ「優しく」なれなければなりません。

私は「優しくなければ強い立場に立つ資格はない」と考えています。なぜなら、同じように強い立場を目指して努力をしても、皆が皆その立場に就けるとは限らないからです。つまり、組織の中には大勢の敗者がいるのです。

また、仕事というものは、一人でできることではありません。上司がいて部下がいて、顧客がいて、はじめて仕事ができ、成果も出せるのです。自分を取り巻くあらゆる環境に対して、感謝の気持ちを持つことも大切だと思います。

チャンドラーがマーロウに言わせた言葉は、個人を律するということだけではなく、実は会社のあり方そのものに対する考え方にもあてはまります。

会社は競合他社との間の激しい競争に勝つ強さ（競争力）がなければ、たちまち淘汰されてしまいます。しかし、会社の存在理由は「競合に勝つこと」ではありません。製品やサービスなど、その企業活動を通して、人類や社会にどう貢献するかが大切です。ただ自分の会社が儲かればよいというだけでなく、自分たちを取り巻く人々や社会に貢献しなければ存在する意味がないのです。そのような「優しさ」があってはじめて会社の器も大きくなる。つまり、成長するというわけです。

会社で起きていることは、すべて「我が事」ととらえる

例え話を一つ紹介します。

二人が舟に乗っていて、一人はオールを漕いで舟を前へ進める役、もう一人は進むべき方向を見極めて操舵する役という具合に、役割を分担していました。しばらく舟を進めていると、突然船底に穴が開いて水が入ってきました。しかし、舟に入ってきた水をかき出すのは自分の役割ではないからといって、穴を塞ぎもせずにいたら、やがて舟は沈んでしまいます。

これは仕事でも同じです。仕事というのは常に異常の連続といっても過言ではありません。発生した異常をそのまま放置しておくわけにはいきませんから、手分けして一刻も早く正常に戻す必要があります。

そのときに「それは自分の役割ではないから」「自分には関係がないから」「自分のことだけで手一杯だから」と言って手を出さずにいると、同じ会社に働く者としての責任を果たすことはできません。顧客第一を考えるなら、担当部署や職種などに関係なく、一丸となって異常を正常に戻すことが何よりも重要なのです。

会社を取り巻く環境はもちろん、会社自体も常に変化を続けています。常に顧客視点で全体を

最適化する必要があり、その視点で仕事を組み立て、商品やサービスを提供し、顧客の満足を追求しなければなりません。

そのためには、全員が会社で起きていることを「我が事」として考え、助け合う土壌が必要です。一見非効率でムダのように感じられるかもしれませんが、真に顧客視点の商品やサービスを提供し続けるためには、お互いの仕事の領域が重なり合い、助け合える部分をつくっておくべきなのです。その部分が「のりしろ」となり、お互いの気持ちが重なり合い、つながり合うことができるはずです。

会社にはそれぞれ異なる役割を持った多くの部署があり、そこには一人ひとり能力も性格も異なる人たちが働いています。これは生命体を支える細胞と同じで、自分の仕事だけやればよいというのではありません。一つひとつの細胞が連携して生命体を支えているように、一緒に会社を支えるということを共通の目的として、お互いに周囲の状況に気を配り、敏感に反応して全体最適の観点から自らを変化させていく必要があるのです。何か問題が起こったら見て見ぬふりをしたり邪魔をしたりするのではなく、お互いを補完し合うようにしましょう。それこそが、会社の成長につながるのです。

設計、制作、検査を独立して機能させると仕事の質は向上する

大きな組織では、一人の人間に権力が集中しないように、権力を分散させています。国でも、司法・立法・行政の三権をそれぞれ独立させ、それぞれが抑制し合い、バランスを保つようにしています。

仕事においても、誰か一人がルールを決めたり、ルールをつくった人がルールの運用状況をチェックするというのではなく、何人かがそれぞれ役割を分担して進めるべきだと思います。

製造業においては、このような役割分担がすでに実践されていて、設計（企画・開発）、製造、検査をそれぞれの担当者が責任を持って行っているケースがほとんどです。これは、単にそれぞれの仕事が専門的であるというだけではなく、ミスや不良品が許されないからこそ役割を分担して何重にも品質をチェックするようにしているのです。そして、このような試みは製造業以外の分野にも少しずつ広がっています。

例えば、システムを開発する場合、「設計（企画・開発）」をユーザーと開発部門が一体になって行い、仕様に落とし込みます。次に、仕様に基づいてシステムベンダーがプログラムするステップが「制作」です。それと同時並行で、ユーザーの希望通りに正しく「設計（企画・開発）」

されているか、設計に基づいて「制作」されているか、などについて「検査」を行います。システム開発の場合には、例えどれだけチェックしても、実際に運用してみると障害が起こるケースが少なくありません。それでも、きちんとチェックを行っていれば障害の原因を早く突き止め、対処することができるようになるのです。

このようなチェック体制について、製造業の現場では「源流管理」という言葉が使われます。これは不良品などの品質問題などが起こった場合に、その原因を突き止めて改善するため源流にさかのぼって解決していくことを指します。さらには、そもそも品質問題を起こさないために源流をしっかり固めるという意味もあります。

これは氾濫しやすい河川に治水対策として設置されるダムの働きに似ています。上流、中流、下流のそれぞれにきちんと検査を行うダムをつくることで、上流で発生した不良品は上流で止め、中流の不良品は中流で止めてそれぞれ下へ流さないようにするのです。いちいち検査を行うのは一見ムダのように感じるかもしれませんが、不良品を下流へ出してしまうと、その後始末に膨大なコストがかかってしまうだけでなく、一度失った信頼を取り戻すのは至難の業です。そうなる前にきちんとできる限りの手を打っておくことが大切なのです。

このダムをしっかりと機能させるためには当たり前のことですが、三権分立がカギとなります。つまり、設計（企画・開発）、制作、検査をそれぞれ別の人間が行うのです。

製造業の現場だけに限らず、仕事には大きく分けて設計（企画・開発）、制作、検査が必須です。なぜなら、これは「ＰＤＣＡサイクル」と似ているからです。このサイクルを、それぞれが独立してきちんと回していくことで仕事の質が向上し、会社全体がよくなっていくのです。

原因の先にある「真因」を突き止める

仏教には、「因果」という考え方があります。この言葉が説いているのは、直接的原因と間接的原因との組み合わせによって、人生にはさまざまな結果が生じるということです。私は仕事においても同じような「因果」があると考えています。

ですから、何か「現象」や「結果」が出たら、きちんとその「原因」、ひいてはその先にある「真因」を突き止めることが重要だと思います。そして「真因」を理解するために欠かせないのが「現地現物確認」と「論理的思考」だと考えています。

現象を見てその原因を突き止めることは、誰にでもできる当たり前のことのように感じるかもしれません。しかし実際は、人によって原因だと感じるものが違うことは珍しいことではありません。それは見る人の知識や経験、素直さの点などで差があるからです。

では、どうすれば客観的に見て正しい「真因」にたどり着くことができるのか。それには、製造業でよく活用する「ＱＣ七つ道具」の一つである「特性要因図」が役に立ちます。

例えば、製造業のラインで品質問題が起こったとします。原因を探っていくと、検査員の見落としが見つかりました。そこで、次から検査員が見落とさないような施策を取ります。しかし、そこで止まるのではなく、「なぜ検査員が見落としたのか」を突き詰めていくのです。人手が足りないのか、製品の流し方が悪いのか、検査員の能力不足か、といった原因を突き止め、改善につなげることができます。これが、「原因」の一つ先にある「真因」を突き止めるということです。

しかし、原因究明で大切なのは、まず「現象を現地・現物でしっかり確認する」ことです。現地・現物で現象をきちんと「見て」確認し、そのうえで「なぜ？」を繰り返して原因・真因を考える。そして想定しうるすべての可能性を鑑みたうえで論理的に「真因」にたどり着くことが大切なのです。

リーダーは平時から不測の事態に備える心の準備をしておく

何かミスやトラブルが発生したときなど、多くの管理者はとにかく早く対応しなければならないと考えてしまうものです。しかし、単に早く対応すればよいというものではありません。きちんと状況や事態を把握し、そのうえで早期に適切な対応を取ることが重要です。

経営者・管理者であるリーダーの真価は、緊急対応が必要な非常時にこそ問われます。緊急対応が必要な非常時となると、まず何をすべきかというところから考えなくてはなりません。

例えば、地震や大雨などの天災に見舞われたとき、大きなシステム障害が発生して業務遂行が困難になったとします。そのとき、まず何をすべきでしょうか。

何をおいても、まず実施しなければならないのは「事実の確認」です。何が起こっているのか、被害はどのくらいなのか、復旧にどのくらいの時間がかかりそうなのか、関係者への情報提供をどのように進めるべきなのか、などなど、ありとあらゆる情報収集にあたらなければなりません。

そのために情報を集める本部を設置し、ホワイトボードの前に関係者を集めて、過去から現在までの経緯を時系列にまとめていきます。そうすると5W1Hが整理され、正確に状況が把握できます。これは正しい対応を取るための重要な情報になります。

また、ホワイトボードの前に関係者を集めて事実確認をすることによって、情報の共有が可能になります。情報の共有化は、危機管理における「見える化」の一つです。

ホワイトボードの前に関係者が一堂に会して議論すると、「文殊の知恵」が出やすくなり、対策が立てやすくなるというメリットがあります。

緊急対応が必要なときほど、指揮官は慌てることなく落ち着いて一か所に留まるようにします。正確な情報を集め、刻々と変化する状況を精査したうえで判断し、対応のための指示を発しなければならないからです。

このとき、指揮官に必要なのは想像力です。見えない未来を見通す想像力があれば、対応策やその優先順位が見えてくるはずです。

有事のときほどリーダーの真価が問われます。緊急の対応が必要なときこそ落ち着いて、想像力を働かせて対応するように心がけましょう。リーダーは常に不測の事態に備える心の準備をしておきたいものです。

おわりに

私はこれまで四〇年にわたって仕事をし、仕事を通してさまざまなプロジェクトを遂行してきました。

その一つひとつは、どれも自分自身の力だけで実現できたものはなく、たくさんの信頼できる仲間に恵まれ遂行できました。振り返ってみると、私が何かに真剣に取り組んでいたときには、常に誰か共感し、協力してくれる人がいたことを感じます。

そのような人脈は自分でつくるというより、むしろ「授かった」といった方が近いかもしれません。人に合わせて仲間になってもらうのではなく、自分の中にこれだけは譲れないという「軸」をしっかりと養っていれば、それに共感してくれる人が現れるのだと思います。まさに「来る者は拒まず、去る者は追わず」を心に留めながら、すべてを「縁」として受け入れることが大切なのかもしれません。

人は誰でも、幸せになることを求めて生きているのでしょう。とはいえ、どうすれば幸せになれるかを自ら理解し、それに向かって日々実践することはとても難しいことです。人それぞれの考えがあると思いますが、私なりにずっと考えてたどり着いた結論は、「自分らしく」「自分以外の人々のために」「使命感を持って」という指針です。私を含め、誰でも自分らしくありたいと思うのは自然なことです。

しかし、自分のためだけを追い求めれば、真の幸せを感じることができるようになるものでしょうか。私は、人間というのは本来、自分以外の人、社会への貢献を求めているものであり、それを実感したときに、自分の幸せを感じるように思います。

私は、すべての人間（または存在）には何かしらの「役割」があると考えています。誰にも強みがあれば弱みもあります。弱みを強みに変えるのは至難の業ですから、強みを伸ばした方が全体としては成果が挙がりやすいと考えます。ここでいう、「強み」の中には「縁」も含まれますから、その強みを持っているのなら、それを有効に使えばよいのです。まずは自分の強みをしっかり把握し、そのうえで自分の「役割」を感じて、それを全うするよう努力することが大切です。

「役割」という言葉の前提として「全体の姿を実現するために、一人ひとりが役を分担している」という概念があります。つまり「貢献し合う」ということです。それが人を幸せに向かわせると思います。そしてすべての人はいつかその命の終わりを迎えますが、自分の命が終わった後のことまで考えて貢献しよう、「役割」を実践しようと仕事をしている人たちがたくさんいます。彼らを動かしている原動力は、多分「使命感」であると思うのです。そのように私もありたいと思います。

私たち一人ひとりは「縁」により命をいただきました。もしかすると私たちはサムシンググレートのような存在がつくった一枚一枚の雑巾なのかも知れません。この一枚一枚の雑巾は与えられた場所で一生懸命に掃除をします。心を込めて、それを毎日毎日やっていると雑巾は少しずつ汚れます。汚れた雑巾はゴシゴシ洗濯され、天日に干され、綺麗になったらまた掃除に使われます。それを何度も何度も繰り返すうちに雑巾はボロボロになり新しい雑巾に交換されるのです。それが理というもの。その中に幸せを見出したいものです。

本書と出会われた皆さんにお伝えしたいのは、本書は決してハウツー本ではないということです。変化の激しい時代に、その激しさに飲み込まれることなく、しっかりと「基軸」を持って進んでいくための私なりの提案です。これを参考に、皆さん一人ひとりが、自分らしく、科学に裏打ちされ、摂理に則った生き方、仕事の仕方を確立していただきたいと心から願って止みません。

最後に、この本の出版にも多くのご縁をいただきました。デンソーの中沢伸之さん、笹川孝さん、オフィス三銃士の佐藤篁之さん、伊東陽平さん、こもじの多田慎哉さん、WAVE出版の玉越直人さん、吉嶺菜穂さんに心より感謝いたします。

また、家庭で私を支えてくれる妻佳代ともも（愛犬）にも心から有り難うを伝えます。そして、東京の地で一生懸命に生きる二人の息子、啓介・庸介に父としてのエールを送ります。

二〇一七年十一月吉日

鈴木一正

〈参考文献〉

『心を高める、経営を伸ばす』（稲盛和夫、ＰＨＰ文庫）
『素直な心になるために』（松下幸之助、ＰＨＰ文庫）
『見える化―強い企業をつくる「見える」仕組み』（遠藤功、東洋経済新報社）
『ＱＣ七つの道具がよ～くわかる本』（今里健一郎、秀和システム）
『嫌われる勇気』（岸見一郎／古賀史健、ダイヤモンド社）
『生物から見た世界』（ユクスキュル／クリサート、岩波文庫）
『知識創造の方法論―ナレッジワーカーの作法』（野中郁次郎／紺野 登、東洋経済新報社）
『道徳的人間と非道徳的社会』（ラインボルト・ニーバー、白水社）
『マネジメント［エッセンシャル版］―基本と原則』（ピーター・Ｆ・ドラッカー、ダイヤモンド社）
『最新５Ｓの基本と実践がよ～くわかる本』（石川秀人、秀和システム）
『経営者の条件』（ピーター・Ｆ・ドラッカー、ダイヤモンド社）
『怒らない 恐れない 悲しまない』（中村天風、三笠書房）
『ジャック・ウェルチわが経営』（ジャック・ウェルチ／ジョン・Ａ・バーン、日本経済新聞社）
『マクナマラ回顧録』（ロバート・マクナマラ、共同通信社）
『長いお別れ』（レイモンド・チャンドラー、早川書房）

鈴木一正（すずき・かずまさ）

1955年 静岡県生まれ
1974年 静岡県立清水東高等学校卒業
1978年 慶應義塾大学法学部法律学科卒業、
日本電装株式会社（現・株式会社デンソー）入社
2000年 通信企画部部長
2006年 株式会社学協代表取締役社長
2007年 学校法人河合塾経営改革推進室室長
2014年 理事、現在に至る
著書に『みんなDENSOが教えてくれた』（ダイヤモンド社）がある

マネージャー心得帖
成功と成長7つの原則

2017年11月27日　第1版第1刷発行

著　者　鈴木 一正
発行者　玉越 直人
発行所　WAVE出版
〒102-0074 東京都千代田区九段南3-9-12
TEL 03-3261-3713　FAX 03-3261-3823
振替 00100-7-366376
E-mail: info@wave-publishers.co.jp
http://www.wave-publishers.co.jp/
印刷・製本　株式会社ウイル・コーポレーション

ISBN978-4-86621-086-5
NDC916 191p 19cm